Reihe: Innovation in den Hochschulen:
Nachhaltige Entwicklung
Herausgegeben von
Gerd Michelsen, Andreas Fischer und Ute Stoltenberg

Bd. 4:
Umweltmanagement an Hochschulen
Dokumentation eines Workshops vom Januar 2000
an der Universität Lüneburg

Bd. 4 der Reihe „Innovation in den Hochschulen:
Nachhaltige Entwicklung"
Herausgegeben von
Gerd Michelsen, Andreas Fischer und Ute Stoltenberg

Die Reihe „Innovation in den Hochschulen: Nachhaltige Entwicklung" will die Informationen und Erfahrungen im Rahmen eines universitären Agendaprozesses weitergeben. Konsequenzen einer nachhaltigen Entwicklung für den Innovationsprozess an Hochschulen sollen zur Diskussion gestellt werden. Ziel ist eine ausführliche Auseinandersetzung darüber in Wissenschaft und Öffentlichkeit. Ausgangspunkt für die verschiedenen Veröffentlichungen in der Reihe ist das Projekt „Agenda 21 und Universität Lüneburg". Die Reihe wird herausgegeben von Prof. Dr. Andreas Fischer, Prof. Dr. Gerd Michelsen und Prof. Dr. Ute Stoltenberg, Universität Lüneburg.

Joachim Müller, Harald Gilch,
Kai-Olaf Bastenhorst (Hrsg.)

# Umweltmanagement an Hochschulen

Dokumentation eines Workshops
vom Januar 2000
an der Universität Lüneburg

Die Deutsche Bibliothek – CIP-Einheitsaufnahme

**Umweltmanagement an Hochschulen**: Dokumentation eines Workshops vom Januar 2000 an der Universität Lüneburg / Joachim Müller ... (Hrsg.) – Frankfurt/Main: VAS, 2001
   (Reihe Innovation in den Hochschulen: Nachhaltige Entwicklung; Bd. 4)
   ISBN 3-88864-315-5

Das Projekt „Agenda 21 und Universität Lüneburg" wird gefördert durch die Deutsche Bundesstiftung Umwelt.

© 2001 VAS – Verlag für Akademische Schriften
   Alle Rechte vorbehalten.

Herstellung/Vertrieb:
VAS, D-60486 Frankfurt, Kurfürstenstraße 18
Umschlag: Nach einem Entwurf von Stefan Behrens

Printed in Germany • ISBN 3-88864-315-5

# Inhaltsverzeichnis

*Gerd Michelsen, Frank Chantelau*
Vorwort ................................................................................ 7

*Joachim Müller, Harald Gilch*
Erfolgsfaktoren für ein Umwelt-Audit an Hochschulen.
Der Umweltmanagementprozess an der Universität Lüneburg ....... 9

*Kai-Olaf Bastenhorst*
Zur Institutionalisierung von Umweltmanagement
an Hochschulen ................................................................... 54

*Kai-Olaf Bastenhorst, Tobias Viere*
Der Beitrag von Studierenden zum Umweltmanagement
an der Universität Lüneburg ................................................. 80

*Peter Viebahn*
Das „Osnabrücker Umweltmanagement-Modell
für Hochschulen" und seine Umsetzung an der
Universität Osnabrück .......................................................... 92

*Peter Reinhold, Anke Hoffmann*
Hochschule Zittau/Görlitz (FH) – Erste Hochschule in
Deutschland mit registriertem Umweltmanagementsystem nach
dem europäischen Öko-Audit-Standard. Umweltmanagement an
Hochschulen: Aufgabe und Chance ..................................... 121

*Angela Prangen*
Praktische Erfahrungen bei der Umsetzung von
umweltorientierten Konzepten im Krankenhaus am
Beispiel des Universitätsklinikums Benjamin Franklin
der Freien Universität Berlin ............................................... 129

*Josef Noeke*
Integrierte Managementsysteme in Hochschulen
– Umweltschutz, Qualität und Arbeitssicherheit ........................ 142

*Doris Sövegjarto-Wigberts*
Umweltmanagement als Teil eines universitären
Agenda-Prozesses .................................................................... 161

*Friedrich Stratmann*
Öko-Audit in Hochschulen – Chance zur
Modernisierung von Hochschulen ............................................ 177

## Vorwort

Seit einigen Jahren wird an deutschen Hochschulen die Einführung von Umweltmanagementsystemen im Rahmen des Öko-Audits diskutiert. Besonders erfolgreich ist die Fachhochschule Zittau gewesen, die bereits im Jahr 1999 ihr Umweltmanagementsystem nach dem europäischen Öko-Audit-Standard hat registrieren lassen. Auch die Universität Osnabrück hat hier weitgehende Überlegungen angestellt und im Rahmen eines Forschungsvorhabens ein eigenes Konzept entwickelt. Gleichwohl hält sich die Institutionalisierung von Umweltmanagementsystemen an Hochschulen in Grenzen. Nur wenige Hochschulen haben bislang einen entsprechenden Schritt getan.

Die Universität Lüneburg hat fast zeitgleich mit der Universität Bielefeld im Mai 2000 als erste europäische Universität den Validierungsprozess nach der Öko-Audit-Verordnung erfolgreich abgeschlossen. Dabei konnte sie auf die Erfahrungen, die an anderen Hochschulen, in Unternehmen oder Dienstleistungseinrichtungen gesammelt wurden, zurückgreifen und bereits erste konkrete Umsetzungsschritte im Rahmen des Umweltmanagementsystems vollziehen. So wurde eine Arbeitskreis Umwelt mit Vertretern aus dem Verwaltungs- und wissenschaftlichen Bereich eingerichtet, der das Umweltmanagementsystems aktiv voran bringt und Maßnahmen zur weiteren Energieeinsparung, zur Verringerung des Wasserverbrauchs, zur Abfalltrennung oder zum Beschaffungswesen vorbereitet und umsetzt.

Die Validierung der Universität nach der Öko-Audit-Verordnung ist in ein größeres von der Deutschen Bundesstiftung Umwelt gefördertes Vorhaben eingebettet. Der Validierungsprozess, der bis zum erfolgreichen Abschluss genau ein Jahr gedauert hat, wurde mit Unterstützung der HIS GmbH (Hannover) durchgeführt. Mit dem Gesamtvorhaben „Agenda 21 und Universität Lüneburg" wird der Versuch unternommen, einen universitären Agendaprozess zu initiieren. Mit diesem Prozess wird das Ziel verfolgt, die Idee einer nachhaltigen Entwicklung auch im universitären Rahmen zu verfolgen. In der Agenda 21 wird das Leitbild „Nachhaltige Entwicklung" bzw. „Sustainable Development" ausgebreitet und auf die besondere Rolle von Bildungs- und Forschungsinstitutionen verwiesen.

Die Universität Lüneburg setzt sich mit den neuen Herausforderungen, die mit der Idee der nachhaltigen Entwicklung formuliert werden, aktiv auseinander. Sie hat nach einem längeren Diskussionsprozess im Mai 2000 „Leitlinien der Universität Lüneburg zur Nachhaltigkeit" verabschiedet. In der Präambel dieser Leitlinien heißt es:

> *„Angesichts der Gefahren für die natürlichen Grundlagen des Lebens und wachsender Ungleichheit unter Menschen und Gesellschaften sowie in der Verantwortung, auch zukünftigen Generationen ein selbstbestimmtes Leben zu ermöglichen, weiß sich die Universität Lüneburg in Verbindung mit dem Artikel 20 a des GG dem Grundsatz einer nachhaltigen Entwicklung verpflichtet.*
> *Gegenüber Studierenden, künftigen Entscheidungsträgerinnen und -trägern und ihren Mitarbeiterinnen und Mitarbeitern hat die Universität die Verantwortung, bei der Erfüllung ihrer Aufgaben wie auch in ihrem täglichen Energie- und Stoffverbrauch eine Vorbildfunktion im Sinne von Nachhaltigkeit auszuüben."*

Das Umweltmanagementsystem ist ein wichtiger Mosaikstein für eine Institution, die sich mit der Idee der nachhaltigen Entwicklung auseinandersetzt. Diese Publikation bündelt bisherige Erfahrungen bei der Einführung von Umweltmanagementsystemen an Hochschulen und diskutiert deren Einbettung in einen universitären Agendaprozess. Den Herausgebern dieses Bandes danken wir für ihre Initiative und Mühen. Natürlich wünschen wir, dass diese Veröffentlichung auf breites Interesse stößt.

Lüneburg, im Dezember 2000

*Frank Chantelau* (Kanzler der Universität Lüneburg)
*Gerd Michelsen* (Leiter des Vorhabens „Agenda 21 und Universität Lüneburg")

Joachim Müller, Harald Gilch

# Erfolgsfaktoren für ein Umwelt-Audit an Hochschulen
# Der Umweltmanagementprozess an der Universität Lüneburg

## Einleitung

### Entwicklung des Umweltmanagements an Hochschulen

Die Entwicklung des Umweltmanagements in den letzten 20 Jahren an deutschen Hochschulen lässt sich zeitlich in drei verschiedene Abschnitte gliedern (vgl. Müller, Stratmann 2000):

Mitte der 80er Jahre setzte im Zuge der Umsetzung der Gefahrstoffverordnung eine Professionalisierung der Aufbau- und Ablauforganisation im Arbeits- und Umweltschutz ein. Diese interne Professionalisierung war vornehmlich auf das Aufgabenfeld der Fachkräfte für Arbeitssicherheit und die Ausgestaltung von internen Richtlinien fokussiert. Fragen des Umweltschutzes galten zumeist Versuchen, sich vom Arbeitsschutz abzugrenzen und diesen institutionell durch die Bestellung eines Umweltbeauftragten zu dokumentieren.

Im Jahr 1995 hat HIS dann mit einer bundesweiten Bestandsaufnahme zur Organisation des Umwelt- und Arbeitsschutzes an deutschen Hochschulen einen ersten Statusreport vorgelegt (Stratmann, Müller 1995). Neben der Beschreibung des aktuellen Standes wurden darüber hinaus Organisationsmodelle erarbeitet sowie geeignete Steuerungsverfahren vorgestellt. In dieser Zeit war gerade auf dem Feld des Umweltschutzes in Hochschulen festzustellen, dass Umweltschutzaktivitäten nicht mehr allein auf die Hochschulverwaltung fixiert waren. Hochschullehrer, zumeist aus umweltbezogenen Fachbereichen, wählten insbesondere in Lehrforschungsprojekten ihre eigene Einrichtung als Forschungsgegenstand. Teilweise aus diesen Forschungsaktivitäten heraus, aber auch auf Initiative der Hochschulverwaltung sahen gleichzeitig zahlreiche Einrichtungen – auch unabhängig von der Einrichtung eines Umweltmanagementsystems nach der EG-Öko-Audit-Verordnung – die Notwendigkeit, ihre Leistungen im Umweltschutz (und Arbeitsschutz) zu dokumentieren und öffentlich zu machen.

Ende der 90er Jahre begannen einige Hochschulen, ihr Umwelt- und Arbeitsschutzmanagement an normierten Systemen auszurichten. Die EG-Öko-Audit-Verordnung und die DIN ISO 14001 wurden Maßstab für die Organisation dieser Bereiche in den Hochschulen. Hier war es die FH Furtwangen, die als „Vorreiter" bereits im Jahre 1996, noch bevor die Teilnahme an der EG-Öko-Audit-Verordnung für Hochschulen möglich war, eine Umweltbetriebsprüfung durchgeführt hat. Die HTWS Zittau/Görlitz ist 1999 als erste Hochschule in Deutschland mit ihrem Umweltmanagementsystem in das offizielle Standortregister der Europäischen Union eingetragen worden. Weitere Universitäten sind diesem Beispiel gefolgt. Dieses sind die Universität Paderborn, die Universität Bielefeld sowie die Technische Universität Berlin und die Universität Lüneburg (siehe ausführlich HIS Hochschul-Informations-System GmbH (Hrsg.) 2000).

## Das Vorhaben an der Universität Lüneburg

An der Universität Lüneburg wurde im April 1999 über einen Zeitraum von insgesamt 2 ½ Jahren das durch die Deutsche Bundesstiftung Umwelt geförderte Forschungsprojekt „Agenda 21 – Universität Lüneburg" gestartet, das sich der Thematik der Nachhaltigkeit aus unterschiedlichen Fachrichtungen und mit verschiedenen Ansätzen nähert (Michelsen (Hrsg.) 2000, S. 35; Michelsen, Schwiersch 2000;

# Erfolgsfaktoren für ein Umwelt-Audit — 11

Müller, Gilch 2000; Bastenhorst, Gilch, Müller, Schaltegger 2000). Ein Ansatzpunkt, die Umsetzbarkeit nachhaltiger Entwicklung an Hochschulen zu erforschen, war die Einführung eines Umweltmanagementsystems nach der EG-Öko-Audit-Verordnung (Verordnung (EWG) Nr. 1836/93, 1993).

Die HIS Hochschul-Informations-System GmbH wurde für die Errichtung des Umweltmanagementsystems mit der externen Beratung und Unterstützung beauftragt. Wichtig war die Zielsetzung, innerhalb eines Jahres an der Universität Lüneburg ein Umweltmanagementsystem zu implementieren und dieses durch einen unabhängigen Umweltgutachter nach der EG-Öko-Audit-Verordnung validieren zu lassen. Dieses Ziel wurde von der Universität Lüneburg mit Unterstützung durch HIS erreicht (Habura 2000):

- Am 5. Mai 2000 wurde durch die Unterschrift eines unabhängigen Umweltgutachters[1] unter die Gültigkeitserklärung das Umweltmanagementsystem der Universität Lüneburg für übereinstimmend mit den Vorgaben der EG-Öko-Audit-Verordnung erklärt.
- Am 25. Mai 2000 erfolgte im Rahmen eines Festakts die feierliche Übergabe der Registrierungsurkunde durch die IHK Lüneburg-Wolfsburg.

Seit diesem Zeitpunkt begann für die Universität Lüneburg die Phase, den initiierten Prozess der kontinuierlichen Verbesserung im Umweltschutz alleine zu tragen und zu verstetigen, ohne dass wie bisher durch einen externen Berater das Vorhaben offensiv unterstützt wird (siehe auch Fazit).

## Bestandteile eines Audits

Zur Einführung eines Umweltmanagementsystems und für ein Öko-Audit nach der EG-Öko-Audit-Verordnung sind mehrere Schritte

---
[1] Herr Georg Hartmann von der KPMG

erforderlich, die in einen kontinuierlichen Kreislauf zur ständigen Verbesserung der Umweltsituation münden (siehe Abbildung 1).

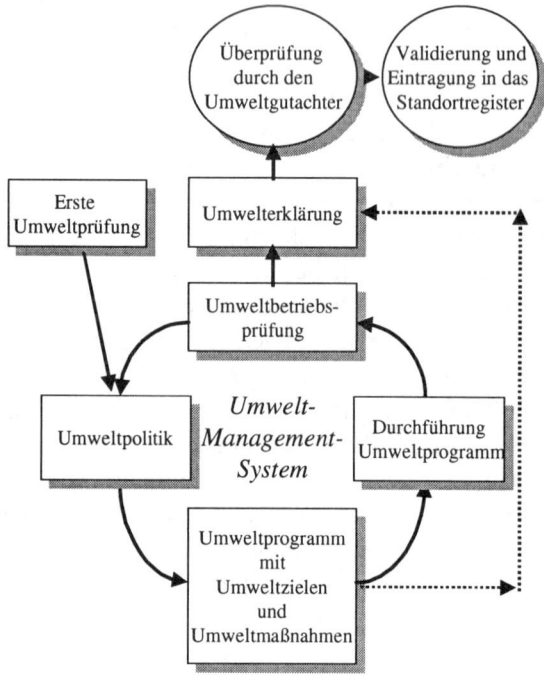

*Abbildung 1: Ablauf eines Öko-Audits nach der EG-Öko-Audit-Verordnung*

Ausgangspunkt ist eine erste Umweltprüfung, in der alle Umwelteinwirkungen und Umweltaktivitäten erfasst werden.

Aus den Ergebnissen wird die allgemeine Umweltpolitik abgeleitet sowie ein konkretes Umweltprogramm formuliert. Das Umweltprogramm enthält Umweltziele und Umweltmaßnahmen zur weiteren Verbesserung des Umweltschutzes.

Die Wirksamkeit der getroffenen Maßnahmen wird in der Umweltbetriebsprüfung überprüft.

Im Umweltmanagementsystem werden alle organisatorischen Strukturen und internen Abläufe zusammengefasst, die für die Aufrechterhaltung des Kreislaufs zur kontinuierlichen Verbesserung notwendig sind.

Die Umwelterklärung informiert die Öffentlichkeit und dient gleichzeitig als Grundlage für die Überprüfung durch einen externen Umweltgutachter.

Mit der Eintragung in das europäische Standortregister wird das Öko-Audit abgeschlossen (Validierung). Eine Wiederholung des Öko-Audits erfolgt mindestens alle drei Jahre.

## Einbeziehung der Hochschulen in den Anwendungsbereich der Öko-Audit-Verordnung

Die EG-Öko-Audit-Verordnung sieht (auf EU-Ebene) eine (offizielle) Teilnahme von Hochschulen nicht vor. Sie lässt es den Mitgliedsstaaten jedoch offen, durch nationale Gesetze den Bereich der möglichen Teilnehmer an dem Gemeinschaftssystem für das Umweltmanagement und die Umweltbetriebsprüfung zu erweitern. Im Februar 1998 wurde die entsprechende Verordnung im Bundesgesetzblatt bekannt gegeben (Verordnung nach dem Umweltauditgesetz über die Erweiterung des Gemeinschaftssystems für das Umweltmanagement und die Umweltbetriebsprüfung auf weitere Bereiche (UAG-Erweiterungsverordnung – UAG-ErwV) vom 3. Februar 1998 (BGBl. I S. 338)).

Seitdem ist (gemäß Nr. 9 im Anhang zur UAG-ErwV) das öffentliche und private Bildungswesen in den Anwendungsbereich des Gemeinschaftssystems für das Umweltmanagement und die Umweltbetriebsprüfung einbezogen. Indem die UAG-ErwV im o.g. Anhang auch auf die Abteilung 80 der EG-Verordnung Nr. 3037/90 zur statistischen Systematik der Wirtschaftszweige in der Europäischen Gemeinschaft verweist, werden Hochschulen sogar explizit genannt.

Mit dieser Gesetzesänderung ist jetzt auch eine Validierung von Hochschulen möglich – einschließlich der Aufnahme in die offizielle Liste der teilnehmenden Einrichtungen sowie der Verwendung des Logos. Weiterhin gilt jedoch, dass die Teilnahme grundsätzlich freiwillig ist.

„Prof. Dr. Rainer Künzel, Vizepräsident der Hochschulrektorenkonferenz und Präsident der Universität Osnabrück, begrüßte die Entscheidung, Hochschulen künftig einer freiwilligen Umweltbetriebsprüfung zu unterziehen. Er erklärte: ‚Regelmäßige Überprüfungen, detaillierte Schwachstellenanalysen und ein effizienter Ressourceneinsatz bieten den Hochschulen nicht nur die Möglichkeit, einen wichtigen Beitrag zur ‚nachhaltigen Entwicklung' zu leisten, sondern auch erhebliche Kosten zu sparen.' Der Generalsekretär der Hochschulrektorenkonferenz hatte sich auf Bitten Künzels für eine Berücksichtigung der Hochschulen im Öko-Audit stark gemacht, mit dem Argument, dass Fragen des Umweltschutzes längst zu einem wichtigen Bereich im Hochschulmanagement geworden seien." (Der Präsident der Universität Osnabrück 1998)

## Rahmenbedingungen an der Universität Lüneburg

### Das Profil der Universität Lüneburg

Die Universität Lüneburg ist hervorgegangen aus der 1946 gegründeten Pädagogischen Hochschule und wurde 1978 selbständige wissenschaftliche Hochschule mit Promotions- und Habilitationsrecht; 1989 erhielt sie das Recht, die Bezeichnung Universität in ihrem Namen zu führen.

Die Universität Lüneburg ist seit 1997 eine der wenigen echten Campus-Universitäten in Deutschland und als solche die erste, die, gefördert mit Mitteln der Europäischen Union, als Konversionsmaßnahme auf einem ehemaligen Kasernengelände der Bundeswehr entstanden ist (ca. 15 ha großes Areal).

## Erfolgsfaktoren für ein Umwelt-Audit

An der Universität Lüneburg studieren heute etwa 6800 Studierende, die von insgesamt ca. 210 hauptberuflich beschäftigten Wissenschaftlerinnen und Wissenschaftlern und zahlreichen Lehrbeauftragten aus Wirtschaft und Wissenschaft betreut werden; etwa 110 weitere Mitarbeiterinnen und Mitarbeiter nehmen interne Dienstleistungsaufgaben in Bibliothek, Rechen- und Medienzentrum, Laboren und Verwaltung wahr. Die Universität Lüneburg verfügt über eine Jahresbudget von derzeit etwa 44 Millionen DM.

Die Universität Lüneburg gliedert sich in vier Fachbereiche:
- Am Fachbereich Erziehungswissenschaften werden Grund-, Haupt-, Real- und Berufsschullehrer, Diplom-Pädagogen und Sozialpädagogen ausgebildet.
- Der Fachbereich Wirtschafts- und Sozialwissenschaften bildet Diplom-Kaufleute und Diplom-Ökonome aus.
- Der Fachbereich Kulturwissenschaften bietet einen praxisorientierten Magisterstudiengang „Angewandte Kulturwissenschaften" an.
- Der Fachbereich Umweltwissenschaften bietet einen Diplom-Studiengang Umweltwissenschaften an.

Die Universität Lüneburg erzielt mit ihren grundständigen Studiengängen eine hohe regionale und überregionale Studienplatznachfrage. Neben den grundständigen Studiengängen bieten die Fachbereiche und Einrichtungen eine Reihe wissenschaftlich fundierter Aufbau- und Weiterbildungsstudiengänge an.

An den Forschungsinstituten der Fachbereiche wird insbesondere zu den Schwerpunkten Bildung, Schule und Hochschule, sozialpädagogische Handlungsfelder, wirtschaftlichem, sozialem und politischem Wandel, zu freien Berufen und Mittelstand, Kultur, Umweltökonomie, Umweltrecht, Umweltkommunikation und Umweltmanagement geforscht. Die Forschung ist zumeist interdisziplinär angelegt; sie kooperiert mit deutschen und internationalen Partnerhochschulen, Forschungseinrichtungen und Unternehmen.

Der Campus der Universität Lüneburg hat eine moderne, vollständig vernetzte Kommunikationsinfrastruktur; die medientechnische Ausstattung der Hörsäle und Seminarräume sowie der Labore ist anspruchsvoll.

## Die Definition des Standortes

Das Umweltmanagementsystem nach der EG-Öko-Audit-Verordnung wurde für die Universität Lüneburg am Standort Lüneburg, Scharnhorststraße, eingerichtet. Der Campus Lüneburg e.V. sowie die Campus Management GmbH haben sich als eigenständige Organisationen, die überwiegend Dienstleistungen für Studierende anbieten, dem Umweltmanagementsystem der Universität Lüneburg angeschlossen.

## Das Selbstverständnis der Hochschule

Der Aufbau eines Umweltmanagementsystems fand an der Universität Lüneburg zu einem Zeitpunkt statt, an dem der Stellenwert des Umweltschutzes an der Universität bereits sehr hoch war:
- Die Universität Lüneburg hat schon in ihrer Grundordnung die Förderung des Umweltschutzes in Theorie und Praxis als Aufgabe definiert.
- Der Präsident hat auf der Grundlage eines Senatsbeschlusses im Frühjahr 1997 die COPERNICUS-Charta der Europäischen Rektorenkonferenz (CRE) unterzeichnet. Damit unterstützt die Universität Lüneburg die Einbeziehung des Gedankens der Nachhaltigkeit in Forschung, Lehre und Verwaltung.
- Die Universität Lüneburg hat durch Senatsbeschluss am 16. Februar 2000 die „Grundsätze der Universität Lüneburg zum Umweltschutz" verabschiedet und den Weg für eine dauerhafte Integration des Umweltschutzes in den laufenden Hochschulbetrieb geebnet. Hierbei kommt der Zusammenarbeit zwischen Hochschulverwaltung und Fachbereichen eine besondere Rolle zu.

# Erfolgsfaktoren für ein Umwelt-Audit

- Darüber hinaus hat die Senatskommission „Hochschule und Agenda 21" Leitlinien zur Nachhaltigkeit erarbeitet. Nach intensiver – teilweise sehr kontroverser – hochschulöffentlicher Diskussion wurden die „Leitlinien der Universität Lüneburg zur Nachhaltigkeit" am 17. Mai 2000 vom Senat verabschiedet.

Die Entwicklung des Umweltmanagementsystems fiel an der Universität Lüneburg mit einem tiefgreifenden Wandel der Organisations- und Studiengangsstrukturen sowie der Finanzierungsgrundlagen zusammen, dem die Hochschulen in der Bundesrepublik Deutschland insgesamt derzeit unterliegen. Vor diesem Hintergrund hat die Universität Lüneburg die Aufbau- und Ablaufstrukturen des Umweltschutzes fest in die gesamte Hochschulorganisation integriert und Verantwortungen definiert.

Der große Stellenwert des Umweltschutzes an der Universität Lüneburg wird hierbei durch die Einrichtung eines Arbeitskreises Umwelt hervorgehoben. Dieser Arbeitskreis ist einer von vier Projektgruppen, die auf Initiative der Hochschulleitung und in Abstimmung mit den Fachbereichen den allgemeinen Reformprozess initiieren und begleiten sollen und in denen jeweils ein Mitglied der Hochschulleitung vertreten ist.

Mit dem Umweltmanagementsystem möchte die Universität Lüneburg aber nicht allein den Umweltschutz in ihre täglichen Prozessabläufe integrieren, sondern auch – insbesondere hinsichtlich einer verantwortungsvollen Personalentwicklung und hinsichtlich einer nachhaltigen Entwicklung – den Arbeits- und Gesundheitsschutz gleichermaßen in das Hochschulmanagement einbeziehen.

## Projektverlauf an der Universität Lüneburg

### Grundsätzliche Vorgehensweise

Bei der Implementierung des Umweltmanagementsystems in der Universität Lüneburg kam es der Universität und HIS insbesondere auf folgende Aspekte an, die dazu beitragen, dass sich das Vorgehen von bisherigen Aktivitäten anderer Hochschulen unterscheidet:

*1. Aspekte des Arbeits- und Gesundheitsschutzes integrieren*
Als notwendig wurde es angesehen, die Umweltprüfung als Erfassung des Ist-Zustandes um den Aspekt des Arbeits- und Gesundheitsschutzes zu erweitern und diesen auch in das zu installierende Umweltmanagementsystem einzubeziehen. Für diese Integration spricht vor allem die Nutzung von Synergien, da die Aufbau- und Ablauforganisation für den Aufgabenbereich Umweltschutz in den meisten Hochschulen mit der des Arbeitsschutzes eng verzahnt ist. Außerdem bezieht der Begriff der Nachhaltigkeit gesunde Arbeitsbedingungen mit ein.

*2. Alle Statusgruppen der Hochschule in den Umweltmanagementprozess integrieren*
Der Umweltmanagementprozess wurde nicht auf die Hochschulverwaltung fokussiert, sondern insbesondere auch die Akteure in den Kernbereichen einer Hochschule (Hochschullehrer, Mittelbau, Studierende) aktiv in das Umweltmanagementsystem eingebunden. Diese umfassende Integration macht die besondere Herausforderung für die Implementierung von Umweltmanagementsystemen in Hochschulen aus, da hier die klassischen Instrumente der Organisation keine Anwendung finden können (Autonomie der Hochschullehrer).

*3. Besondere Bedeutung von Kommunikation, Information und Motivation*
Wegen der besonderen heterarchischen Strukturen der Hochschulen kommt der Information und Kommunikation im Umweltmanage-

mentsystem eine besondere Bedeutung zu, denn eine wie in Unternehmungen praktizierbare Weisung „top-down" ist im wissenschaftlichen Bereich einer Hochschule nicht möglich. Aus diesem Grund erhalten die Information und Motivation der autonomen Bereiche einen ganz besonderen Stellenwert. Daher wurde bereits bei der Umweltprüfung besonderer Wert auf das persönliche Gespräch mit Hochschulangehörigen aus allen Abteilungen in der Verwaltung und in den Fachbereichen gelegt. Insofern erwies sich die Umweltprüfung nicht nur als eine Bestandsaufnahme von Daten und Fakten, die als Grundlage für ein Umweltprogramm ausgewertet werden, sondern es kommt ihr auch eine wichtige Bedeutung im Rahmen der Information und Kommunikation zum Umweltmanagementprozess zu.

Darüber hinaus wurden schriftliche Befragungen, Referate auf Gremiensitzungen sowie Personalversammlungen zur persönlichen Ansprache der Hochschulmitarbeiter(innen) genutzt. Zusätzlich wurde fortlaufend in den Print-Medien der Universität über das Umweltmanagementsystem berichtet. Zu speziellen Maßnahmen (z. B. Reorganisation der Gewerbeabfallentsorgung) wurden spezielle Faltblätter erstellt, die im Vorlauf der Maßnahme die Hochschulmitarbeiter(innen) informierten. Weiterhin wird an der Universität Lüneburg seit Sommer 1999 in Kooperation mit HIS die Seminarreihe „Umweltschutz und Umweltmanagement" durchgeführt. Die Veranstaltungen dienen einerseits der Fortbildung zu umweltrelevanten Themengebieten. Andererseits bieten sie ein Forum, auf dem alle Mitarbeiter(innen) ihre Anregungen zum Umweltmanagementsystem einbringen und die aktuellen Arbeitsergebnisse und Umweltaktivitäten diskutiert werden können.

Die Studierenden wurden über Projektstudien, Seminare, Informationsveranstaltungen und Umfragen in das Umweltmanagementsystem eingebunden und nach ihrer Meinung zu Verbesserungspotentialen im Umweltschutz befragt (vgl. Bastenhorst, Viere in diesem Band).

Die externe Kommunikation findet u.a. über das Internet und die Teilnahme an Veranstaltungen zum Umweltmanagement an Hochschulen statt. Am 28. Januar 2000 konnte der Workshop „Ökologische Impulse für ein zukunftsorientiertes Hochschulmanagement" wertvolle Anregungen aus anderen Hochschulen in den Umweltmanagementprozess einfließen lassen.

*4. Prozessabläufe berücksichtigen*
Die genannten Maßnahmen sollen einen Prozess an der Hochschule in Gang setzen, der so bedeutend ist, dass auch nach der Beendigung der externen Unterstützung durch HIS die Hochschule aus eigener Kraft das Umweltmanagementsystem aufrecht erhalten kann. Aufgabe von HIS als Berater war es also mehr, diesen Prozess zu initiieren (dazu gehört beispielsweise: Akteuren ihre Aufgaben zuweisen, sie zu motivieren, diese als Bestandteil der laufenden Arbeit zu sehen, den Fachbereichen zu verdeutlichen, dass die Hochschulverwaltung als Dienstleister im Umwelt- und Gesundheitsschutz ein kompetenter Ansprechpartner ist) als die anstehenden Aufgaben im Zuge der Validierung zu bearbeiten. Mit der weiteren Entwicklung des Umweltmanagement-Prozesses wird dann auch die weitere Optimierung der Instrumente, insbesondere der automatisierte Verlauf der Datenerfassung und deren Auswertung, einhergehen.

*5. Effizientes Projektmanagement*
Bei der Beratungstätigkeit kam es HIS – neben der Erfüllung der inhaltlichen Aufgaben – vor allem darauf an, zeitkritische Prozesse in der Hochschule effizient zu organisieren, als Vermittler zwischen Hochschulverwaltung und Fachbereichen aufzutreten und bei der Auswahl eines unabhängigen Umweltgutachters beizustehen. Der zwischen Coaching und Vollbetreuung einzustufende Beratungszeitraum sollte in einen kontinuierlichen Prozess münden, der es der Universität Lüneburg ermöglicht, auch ohne wesentliche externe Unterstützung das Umweltmanagementsystem aufrecht zu erhalten.

## Konkrete Meilensteine

Auf dem Weg zur Validierung sind verschiedene Entscheidungen durch die Hochschulverwaltung bzw. den Arbeitskreis Umwelt mit Unterstützung von HIS vorbereitet worden und grundlegende Entscheidungen durch den Senat offiziell und einvernehmlich verabschiedet worden.

- Bereits Ende 1999 wurde die Umweltorganisation von HIS gemeinsam mit dem Kanzler entwickelt. Der Kanzler hat die neue Umweltorganisation am 26.1.2000 im Senat vorgestellt.
- Mit den „Grundsätzen der Universität Lüneburg zum Umweltschutz" hat der Senat am 16. Februar 2000 die Umweltpolitik der Universität Lüneburg beschlossen. Auf Grundlage der Umweltpolitik wurden am 13. April 2000 vom Arbeitskreis Umwelt konkrete Umweltziele und ein Umweltprogramm zur Erreichung der selbst gesteckten Ziele festgelegt.
- Das Umwelthandbuch wurde im Mai 2000 als Sonderausgabe von „uni-intern" (Hochschulzeitschrift der Universität Lüneburg) vom Kanzler veröffentlicht.
- Die Umwelterklärung wurde im Arbeitskreis Umwelt im April erarbeitet und verabschiedet und nach der Validierung im September 2000 vom Präsidenten der Universität herausgegeben. Im November 2000 wurde eine Zusammenfassung der Umwelterklärung in großer Auflage veröffentlicht, an alle Mitarbeiter(innen) verteilt und an zentralen Stellen des Campusgeländes für die Studierenden ausgelegt.

## Umweltrelevante Handlungsfelder an der Universität Lüneburg

Zentrales Element beim Aufbau des Umweltmanagementsystems an der Universität Lüneburg war die Definition der umweltrelevanten Handlungsfelder an der Universität Lüneburg und die Erfassung und Bewertung der von der Hochschule ausgehenden Umweltwirkungen.

Im folgenden werden die entsprechenden Fakten für die Universität Lüneburg kurz vorgestellt.[2]

## Stoffe und Ressourcen

Der Schwerpunkt des Ressourcenverbrauchs an der Universität Lüneburg liegt im Bereich der Büromaterialien und dort vor allem im Verbrauch von Papier. Die Bilanzierung des Papierverbrauchs über die Monate November 1998 bis Dezember 1999 ergab für die Universität Lüneburg einen Gesamtverbrauch an Papier von über 13,5 Mio. Blatt Papier DIN A4[3]. Dies entspricht ca. 68 Tonnen. Von dieser Gesamtmenge entfallen 69 % auf Verwaltung und Fachbereiche, 21 % wird an den Kopiergeräten sowie im Laden des ASTA Copy-Shop verkauft, 10 % werden für die Vorlesungsverzeichnisse verwendet.

Um die Umwelteinwirkungen, die mit der Herstellung dieses Papiers verbunden sind, zu analysieren, muss nach „weißem" Papier (Primärfaser-Papier) und Recycling-Papier unterschieden werden. Insgesamt setzt die Universität zu ca. 47 % Recycling-Papier ein. Dieser Anteil ist jedoch mit 25 % in Verwaltung und Fachbereichen, 93 % im ASTA Copy-Shop und 100 % bei den Vorlesungsverzeichnissen sehr unterschiedlich. Indirekt verursachte die Universität Lüneburg durch den Verbrauch von Papier im Jahr 1999 einen Frischwasserverbrauch von 3445 m$^3$, einen Energieverbrauch von etwa 422 MWh und eine Verschmutzung von Abwasser mit 1833 kg CSB[4].

---

2  Es handelt sich hierbei um Auszüge aus der Umwelterklärung der Universität Lüneburg.
3  Papier unterschiedlicher Formate und Papierprodukte wie z.B. Hefte, Blöcke, Karton wurden normiert auf Blatt DIN A4 (80 g/m$^2$); nicht berücksichtigt wurde in dieser Tabelle Versandmaterial, wie z.B. Briefumschläge, Ordnungsmittel, wie z.B. Ordner, Mappen, und externe Druckaufträge.
4  Frischfaser-Papier: Primärenergie 7 MWh/t, Frischwasserverbrauch 61 m$^3$/t, 34 kg CSB/t; Recycling-Papier: Primärenergie 5,3 MWh/t, Frischwasserverbrauch 39 m$^3$/t, 19 kg CSB/t (Quelle: Steinbeis Temming GmbH, Broschüre „Recycling-Papier", 1996) CSB: Chemischer Sauerstoffbedarf

## Erfolgsfaktoren für ein Umwelt-Audit

Aufgrund der überwiegend dezentralen Beschaffung und der nicht in EDV erfassten Beschaffungsvorgänge ist eine quantitative Bewertung der anderen Büromaterialien nur sehr schwer möglich. Die bisher vorliegenden Daten lassen lediglich qualitativ erkennen, dass gegenwärtig bei den Beschaffungsvorgängen die Auswahl der den verwendeten Produkten zugrunde liegenden Materialien nicht überall nach Umweltgesichtspunkten erfolgt.

Bei der Auswahl der Inneneinrichtung im Zusammenhang mit dem Bezug des Campusgeländes wurden die Anbieter von Büromöbeln intensiv zu Themen des Umwelt- und Gesundheitsschutzes befragt. Die Entscheidung fiel letztlich erst nach der Bescheinigung der gesundheitlichen Unbedenklichkeit seitens des Herstellers sowie nach der Besichtigung des Herstellerwerkes. Der letztlich zum Zuge gekommene Anbieter für die Büromöbel ist nach der EG-Öko-Audit-Verordnung validiert. Bezüglich der Umwelt- und Gesundheitsverträglichkeit der ausgewählten Möbel wurde insbesondere Wert gelegt auf
- Langlebigkeit und Haltbarkeit,
- Modularität und Variabilität,
- Erfüllung aller ergonomischen Anforderungen,
- nachweislich geringstmögliche Emissionen von Schadstoffen auch unter Berücksichtigung empfindsamer Personen.

In relativ geringem Umfang werden an der Universität Lüneburg Chemikalien – darunter auch Gefahrstoffe – verwendet. Insgesamt ist die Menge sehr klein – sie ist jedoch für die Durchführung der Forschungs- und Lehraufgaben erforderlich. Gefahrstoffe in größeren umweltgefährdenden Mengen werden an der Universität Lüneburg nicht eingesetzt. Grundsätzliche Aufgabe der Verantwortlichen für den Einsatz von Gefahrstoffen ist es, die Chemikalien vor ihrer Verwendung hinsichtlich ihrer Gefahrenpotentiale zu beurteilen und den Einsatz von Gefahrstoffen so weit wie möglich zu vermeiden. Gefahrenpotentiale, die mit der Herstellung und/oder der späteren Entsorgung der Chemikalien verbunden sein können, werden in diese Beurteilung einbezogen.

Die Lagerung der Chemikalien erfolgt in geringen Mengen in Gefahrstoffschränken direkt in den Labors, für Vorratsmengen ist ein Gefahrstofflager eingerichtet, das nur von eingewiesenen Mitarbeiter(innen) betreten wird. Im Fotolabor arbeiten die Studierenden selbständig. Sie sind ebenfalls in den Umgang mit den Entwicklungs- und Fixierlösungen eingewiesen.

## Wertstoffe und Abfälle

An der Universität Lüneburg fallen verschiedene Wertstoffe und Abfälle an. Die für das Jahr 1999 insgesamt ermittelten Abfallmengen sind:
- Hausmüllähnlicher Gewerbeabfall: 980,7 m$^3$
- Bioabfall (Büro/Teeküche): 56,2 m$^3$
- Bioabfall (Garten/Grünfläche): 11,7 Tonnen
- Altpapier: 22,1 Tonnen

Unterschiedliche Dimensionen bei den Mengenangaben beruhen auf spezifischen örtlichen Rahmenbedingungen der Datenerfassung. Auf Grund der Organisation der kommunalen Entsorgung (regelmäßige Entleerungsrhythmen aller bereitgestellten Sammelbehälter unabhängig vom Füllstand, keine Gewichtserfassung) sind bisher nur maximal erzeugte Abfallmengen pro Jahr zu errechnen. Sonderabfälle wurden im Jahr 1999 gemeinsam für die Jahre 1998 und 1999 entsorgt (Leuchtstofflampen 2360 Stück, Batterien 180 Stück, Elektronikschrott 1,16 Tonnen, Chemikalien und Lösungsmittel 660 kg).

Die Universität Lüneburg bietet ihren Mitarbeiter(inne)n die Möglichkeit, Altpapier, Kartonagen, Styropor und Bioabfall sowie Elektronikschrott und weitere nur sporadisch anfallende Abfallarten getrennt vom Restmüll zu entsorgen. Die Trennung basiert im wesentlichen auf einem Bringsystem und ist abhängig von der Akzeptanz der Hochschulmitglieder. Hierbei nimmt die Altpapiertrennung eine besondere Rolle ein. Bereits von 1998 auf 1999 erhöhte sich die Menge des gesammelten Altpapiers um sechs Tonnen. Inzwischen haben die Mitarbeiter(innen) zur getrennten Erfassung neue Papiersammelbehälter in den Büros und entleeren diese in Sammelbehälter auf den Fluren. Von dort erfolgt ein interner Transport zur zentralen Sammelstelle. Auf dem Campus anfallende Grünabfälle werden auf einer eigenen Miete kompostiert. Darüber hinaus ist die getrennte Erfassung von Sonderabfällen, einschließlich Batterien und Leuchtstoffröhren, organisiert.

## Energie

Während der Gesamtenergieverbrauch zahlenmäßig erfasst werden konnte, lassen sich die dadurch verursachten Emissionen nur ableiten. Ziel muss es sein, die Verbrauchszahlen genauer nach den Verursachern aufzuschlüsseln. Dies wurde mit dem Ablesen der Zähler in den Gebäuden bereits begonnen. Die Werte sind jedoch teilweise noch sehr ungenau, so dass diese Zahlen nur erste Anhaltspunkte für ein Gebäude-Benchmarking liefern können und weitere Untersuchungen notwendig sind, um konkrete Einsparpotentiale zu ermitteln.

Daten zum Verbrauch an elektrischer Energie liegen für die Jahre 1998 (1367 MWh) und 1999 (1486 MWh) im monatlichen Rhythmus vor. Diese Daten dienen als Grundlage für die Abrechnung des Stromverbrauchs mit dem zuständigen Energieversorger, der AVACON AG.

Ein Vergleich der Jahresverbräuche ist bisher wenig aussagekräftig, da im Zuge des Ausbaus des Campusgeländes ständig weitere Einrichtungen der Universität den Betrieb aufgenommen haben und damit den Stromverbrauch entscheidend beeinflusst haben.

Wärmeenergie wird im kombinierten Blockheizkraftwerk/Gasheizwerk Lüneburg-Bockelsberg der AVACON AG erzeugt und der Universität Lüneburg über ein Nahwärmenetz zur Verfügung gestellt. Der Verbrauch ist für die Jahre 1998 (4766 MWh) und 1999 (5268 MWh) in monatlichen Abständen erfasst und auf die Jahre aufsummiert. Auch hier ist der Vergleich der verschiedenen Jahreswerte bisher noch nicht aussagekräftig. Es lassen sich lediglich Zusammenhänge mit klimatischen Faktoren herstellen. Mit der Inbetriebnahme einer Wetterstation auf dem Campusgelände zum Jahresbeginn 2000 sollen diese Effekte näher untersucht werden.

## Wasser

Der Wasserverbrauch der Universität Lüneburg aus dem kommunalen Wassernetz liegt für 1999 bei 11 369 m$^3$. Die Abwassermenge wird nicht separat gemessen. Eine mengenmäßige Differenz aus bezogenem Trinkwasser und eingeleitetem Abwasser ergibt sich aus der Menge des Wassers, das für die Bewässerung der Grünflächen genutzt wird, mengenmäßig aber erst seit kurzem erfasst wird. Der größte Teil des Trinkwassers wird nach den vorliegenden Recherchen für die Nutzung der sanitären Anlagen verwendet. Der Wasserverbrauch durch Gebäudereinigung, durch spezifische Arbeitsabläufe in chemischen Laboratorien und durch Kochen in den Teeküchen spielt eine untergeordnete Rolle.

Die Abwasserzusammensetzung ist ähnlich dem häuslichen Abwasser, da die wesentlichen Tätigkeiten an der Universität Lüneburg als Büroarbeiten bzw. im Vorlesungs- und Seminarbetrieb stattfinden. Für den naturwissenschaftlichen Laborbereich wurde vom Umweltamt der Stadt Lüneburg nach Darstellung der vorgesehenen Nutzung auf eine Abwasserbehandlungsanlage verzichtet, da aufgrund der geringen Mengen von einem wesentlichen Schadstoffeintrag nicht auszugehen ist. Das auf das Campusgelände auftreffende Oberflächenwasser wird über ein getrenntes Kanalsystem abgeführt bzw. versickert auf Gelände. Der Zustand des Schmutzwasserkanalsystems auf dem Campus wurde im Zuge der Umbaumaßnahmen untersucht und – wo erforderlich – saniert.

## Verkehr

Das durch die Universität Lüneburg verursachte Verkehrsaufkommen stellt eine der größten Umwelteinwirkungen dar, ist allerdings quantitativ nur sehr schwer zu erfassen. Grundsätzlich lässt sich das Verkehrsaufkommen drei Hauptursachen zuordnen:
- Verkehrsaufkommen durch Dienstreisen und Exkursionen
- Verkehrsaufkommen durch den täglichen Weg zur Universität bei Studierenden und Hochschulmitarbeiter(inne)n
- Verkehrsaufkommen durch die Studierenden vom Heimatwohnort nach Lüneburg

Diese drei Arten des Verkehrsaufkommens müssen unterschiedlich betrachtet werden, da zur Reduzierung der Umwelteinwirkungen auch unterschiedliche Strategien notwendig sind. Allerdings ist der tägliche Verkehr der Studierenden und Hochschulmitarbeiter(innen) als die bedeutsamste Größe einzustufen, da Dienstreisen an der Universität Lüneburg vorzugsweise mit der Bahn durchzuführen sind und nur ein relativ geringer Anteil der Studierenden aus großen Entfernungen vom Heimatwohnort nach Lüneburg anreist.

Eine Verkehrszählung[5] am 14. Dezember 1999 der auf das Campusgelände anreisenden Hochschulmitglieder ergab, dass fast 50 % das Auto benutzt haben, das in der Mehrzahl von einer Person genutzt wurde. Mit der Bahn kamen etwa 6 % an, wobei sich deren Herkunftsbahnhöfe zum größten Teil (82,7 %) im Hamburger Stadtgebiet befanden.

Seit längerem existieren studentische Initiativen (hauptsächlich AStA Öko-Referat), die sich um eine Ausweitung des derzeit auf den ÖPNV in Lüneburg begrenzten Semestertickets auf die Bahnstrecke Hamburg – Lüneburg – Uelzen bemühen. Eine im Februar 2000 durchgeführte Umfrage unter den Studierenden zu den täglich zurückgelegten Strek-

---

5 Insgesamt 2423 gezählte Personen

ken auf dem Weg zur Universität und zur Wahl der Verkehrsmittel ergab, dass bei insgesamt 808 Befragten aus allen Fachbereichen insgesamt 90 % einer Ausweitung des Semestertickets positiv gegenüberstehen.

**Naturschutz**

Die Universität Lüneburg hat das heutige Campusgelände an der Scharnhorststraße im Zuge eines Konversionsprojekts aus der ehemaligen Scharnhorstkaserne bezogen. Da die Universität Lüneburg sich auf einem Gelände befindet, das über unversiegelte Flächen und einen alten Baumbestand verfügt sowie einen eigenen Biotop-Garten hat, sind die Rahmenbedingungen für den praktizierten Naturschutz recht gut. Folgende Einzelaspekte werden bisher berücksichtigt:
- Entsiegelung von Flächen im Zuge der Neugestaltung des Campusgeländes
- Eigenkompostierung von Grünabfällen der Landschaftspflege und Aufbringung des Kompostes zur Bodenverbesserung
- Anpflanzung einheimischer Bäume und Pflege des alten Baumbestandes
- Ansiedlung typischer einheimischer Pflanzen im Biotopgarten und Schaffung einer reichhaltigen Flora und Fauna
- Weitestgehender Verzicht auf mineralische Düngung sowie Ausschluss von Pestiziden
- Gezielte Bewässerung der Grünflächen zur Vermeidung von unproduktiver Verdunstung
- Unterbindung des Befahrens der entsiegelten Flächen – Bodenverdichtung findet nicht statt
- Verbesserung der Bodeneigenschaften und Vermeidung von Erosion durch Mulchen der Bodenoberflächen
- Begrünung der Gebäudefassaden und Schaffung eines Biotops für eine spezielle Fauna

## Arbeits- und Gesundheitsschutz

Für die Universität Lüneburg ist der Arbeits- und Gesundheitsschutz ein wichtiges Thema, das durch die Bestellung von Betriebsarzt, Sicherheitsingenieur und Sicherheitsbeauftragtem zum Ausdruck kommt. Vor- und Nachsorgeuntersuchungen zählen zum Tätigkeitsbereich des Betriebsarztes, Arbeitsstättenbegehungen in Verbindung mit mündlichen Beratungen werden vom Sicherheitsingenieur durchgeführt. Darüber hinaus unterliegen die sicherheitstechnischen Anlagen und Geräte einer routinemäßigen Überprüfung. Mit Rundschreiben informiert die Hochschulleitung über wesentliche Aspekte des Arbeits- und Gesundheitsschutzes. Die organisatorischen und technischen Maßnahmen minimieren das Risiko eines größeren Schadensfalls durch einen Brand.

Um den Arbeits- und Gesundheitsschutz in das Umweltmanagementsystem einzubeziehen, wurde die Umweltprüfung um Aspekte des Arbeits- und Gesundheitsschutzes erweitert und zusätzliche Erhebungen durchgeführt:
- Erhebung zur Gefährdungsbeurteilung nach § 5 Arbeitsschutzgesetz durch alle Leiter(innen) der Fachbereiche, Institute, Einrichtungen und Dezernate
- Befragung aller Mitarbeiter(innen) zu ihrer individuellen Arbeits- und Belastungssituation am Arbeitsplatz
- Recherchen durch den Sicherheitsingenieur

Die wesentliche Aufgabe des Laborbereichs an der Universität Lüneburg ist die Ausbildung von Studierenden in Praktika zum Grund- und Hauptstudium. Hierbei wird großer Wert auf die Unterweisung der Studierenden über Gefahrenpotentiale im Zusammenhang mit den Praktikumsversuchen gelegt. Die ständige Betreuung durch ausgebildetes Laborpersonal ist sichergestellt. Die Versuche selbst werden im Hinblick auf möglichst geringe Gefahrenpotentiale für Mensch und Umwelt ständig weiterentwickelt.

## Aktivitäten in Forschung und Lehre

In allen Fachbereichen der Universität Lüneburg wird der Themenbereich Umweltschutz in Forschungsprojekten und Lehrveranstaltungen bearbeitet. Der Schwerpunkt liegt naturgemäß im Fachbereich IV – Umweltwissenschaften. Der Lehrstuhl für Umweltmanagement, der über den Arbeitskreis Umwelt in das Umweltmanagementsystem der Universität Lüneburg eingebunden ist und sein fachliches Know-how zur Verfügung stellt, ist dem Fachbereich IV, Institut für Umweltstrategien, zugeordnet. Am Institut für Umweltkommunikation wurden bereits die Arbeiten für einen institutsbezogenen Umweltbericht begonnen.

Hervorzuheben sind zwei Weiterbildungsstudiengänge: Weiterbildungsstudiengang Management und Umweltrecht sowie Umweltökonomie im Fachbereich II und Weiterbildungsstudiengang Kommunaler Umweltschutz im Fachbereich IV.

Das Projekt „Agenda 21 – Universität Lüneburg", dem das Teilprojekt „Umweltmanagement" angehört, wird im Fachbereich IV koordiniert und wird von Hochschullehrern aus allen Fachbereichen bearbeitet.

## Das Umweltprogramm

Auf der Grundlage der Erkenntnisse aus der Umweltprüfung werden die Grundsätze der Universität Lüneburg zum Umweltschutz durch das Umweltprogramm in die konkrete Handlungsebene überführt. Jedem Grundsatz sind dabei ein oder mehrere Umweltziele zugeordnet, mit denen die Universität Lüneburg ihren Umweltgrundsätzen gerecht werden will. Im Umweltprogramm wird die Zeitplanung verbindlich gemacht sowie die Verantwortlichen genannt (siehe Anhang).

## Die Organisation des Umweltmanagementsystems

### Die Aufbauorganisation

Um den dauerhaften Erfolg des Umweltmanagementsystems sicher zu stellen, muss eine universitätsweite Verankerung des Umweltmanagementsystems in der Hochschulorganisation erfolgen. Es kam darauf an, eine möglichst schlanke Organisation zu finden. Die Aufgaben und Zuständigkeiten (Aufbauorganisation) der wichtigsten „Institutionen" in der Organisation zum Umweltmanagement sind in Abbildung 2 dargestellt.

Der Präsident repräsentiert als Leiter der Universität das Umweltmanagementsystem der Universität Lüneburg nach innen und außen.

Der Kanzler übernimmt die Verantwortung für das Umweltmanagementsystem und ist damit zuständig für die strategische Planung, das regelmäßige Umweltmanagement-Review, die Festlegung des Umweltprogramms, die Entscheidung über Zuständigkeiten, das Inkrafttreten des Umwelthandbuches, der Verfahrensanweisungen und anderer Regelungen zum Umweltmanagement.

Der Umweltkoordinator ist als Stabsstelle dem Kanzler zugeordnet, dem er berichtet und vorschlägt. Er ist zuständig für die Koordination der operativen Aufgaben im Umweltmanagementsystem, die Beratung der operativ Handelnden sowie die Erarbeitung von Vorschlägen für Umwelthandbuch und Umweltprogramm. Außerdem wirkt er auf die Umsetzung des Umweltmanagementsystems und des Umweltprogramms in der gesamten Universität hin und ist in dieser Funktion nicht an Weisungen durch Vorgesetzte gebunden.

Der Arbeitskreis Umwelt berät den Umweltmanagementverantwortlichen und diskutiert Umweltorganisation, Umwelthandbuch und Umweltprogramm. Zusätzlich unterstützt er den Umweltkoordinator insbesondere in der Startphase bei der Wahrnehmung seiner Aufgaben.

Der Umweltkreis ist das universitätsübergreifende Gremium, in dem Angelegenheiten des Umweltmanagementsystems diskutiert werden. Er tagt mindestens einmal pro Jahr – Vorsitzender des Umweltkreises ist der Umweltmanagementverantwortliche, der dieses Gremium auch zu seinen Sitzungen einlädt. Der Umweltkreis trifft sich hochschulöffentlich.

Die Durchführung der operativen Aufgaben im Umweltmanagement wird in die bestehende Organisationsstruktur integriert. Dazu werden

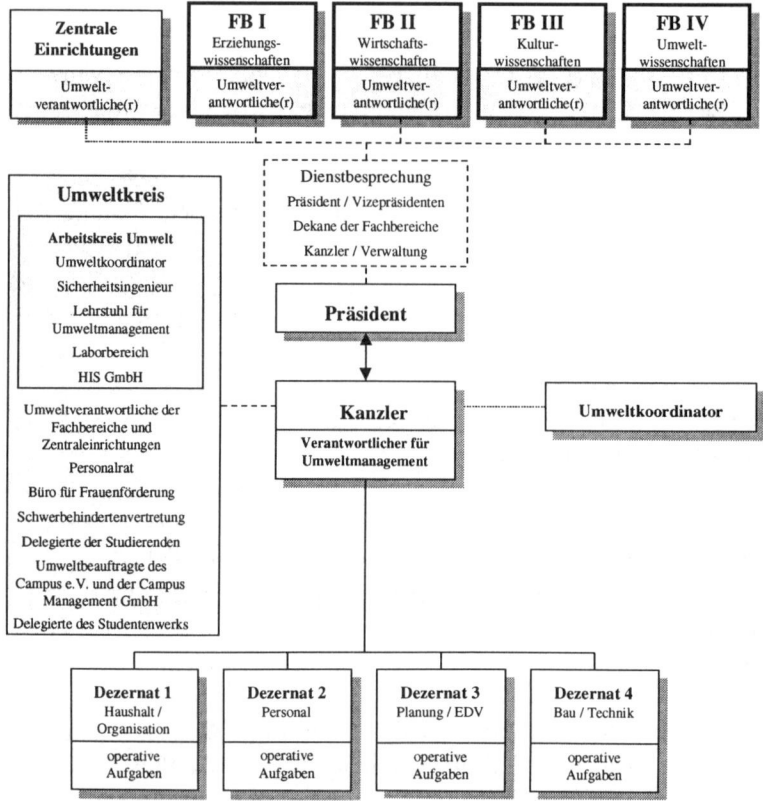

*Abbildung 2: Aufbauorganisation des Umweltmanagements an der Universität Lüneburg*

im Bereich der Verwaltung die Umweltaufgaben im Geschäftsverteilungsplan definiert und vom Umweltmanagementverantwortlichen in Kraft gesetzt.

Die Fachbereiche und zentralen Einrichtungen bestimmen in ihrem Bereich eigenverantwortlich über die jeweiligen Aufgaben und deren Verteilung. Neben der Einhaltung der gesetzlichen Anforderungen sind die wichtigsten Aufgaben im Umweltmanagementsystem die Sicherstellung des Informationsflusses sowohl aus als auch in die Fachbereiche/zentralen Einrichtungen und die Koordination operativer Aufgaben in den Fachbereichen/zentralen Einrichtungen.

## Die Ablauforganisation

In der Ablauforganisation des Umweltmanagementsystems sind drei Handlungsebenen (Zielfindung, Zielerreichung und Zielüberprüfung) sowie drei Akteursgruppen (Arbeitskreis Umwelt und zuständige Personen in der Verwaltung, Hochschulmitglieder als Einzelpersonen und Einrichtungen/Gremien) zu unterscheiden, die unterschiedliche Aufgaben in den jeweiligen Handlungsebenen wahrnehmen (siehe Abbildung 3).

## Zielfindung

Vom Arbeitskreis Umwelt (bzw. der Hochschulverwaltung) geht die Diskussion über die zu erreichenden Ziele (im Umwelt- und Gesundheitsschutz) aus (notwendige Entscheidungen werden diskutiert und vorbereitet). Dieser bindet die Hochschulmitglieder als Einzelpersonen (über Hochschul-Printmedien) und die Gremien (insbesondere Senat) und Fachbereiche (über Fachbereichsrat) in die Diskussion ein, Verbesserungsvorschläge fließen zurück zum Arbeitskreis Umwelt, um schließlich eine einvernehmliche Entscheidung zu treffen, die ggf.

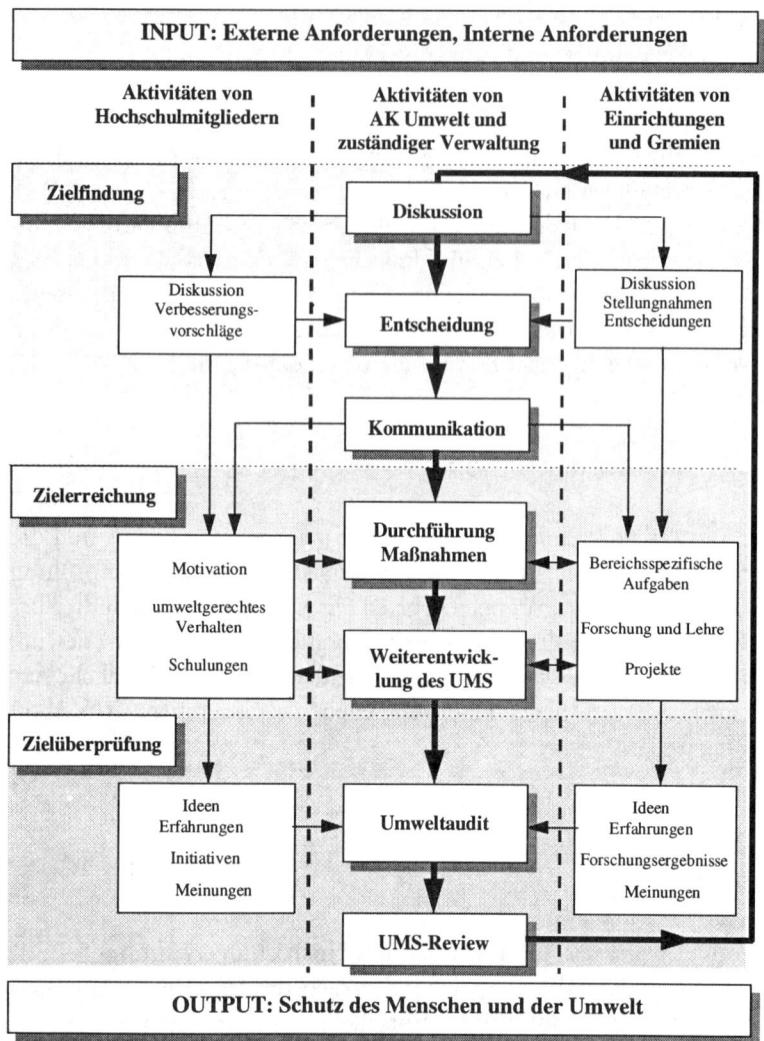

*Abbildung 3: Ablauforganisation des Umweltmanagements an der Universität Lüneburg*

– je nach hochschulpolitischer Relevanz – durch den Senat oder einen Fachbereichsrat zu verabschieden ist. Anschließend wird die Entscheidung (z.B. ein neues Umweltprogramm) allen Hochschulmitgliedern zugänglich gemacht.

## Zielerreichung

Zur Zielerreichung werden die zentralen operativen Aufgaben bei der Pflege und Fortentwicklung des Umweltmanagementsystems im Arbeitskreis Umwelt abgesprochen und von den in der Verwaltung zuständigen Personen, insbesondere vom Verantwortlichen für das Umweltmanagementsystem, wahrgenommen. Dieser wird auch in der operativen Arbeit durch Experten aus den Fachbereichen unterstützt (Forschung und Lehre: Ideen und Erfahrungen in den Umweltmanagementprozess einbringen). Die Fachbereiche und zentralen Einrichtungen sind für die Durchführung bereichsspezifischer Aufgaben zuständig.

Die Einbeziehung von Forschung und Lehre in das Umweltmanagementsystem ist grundsätzlich freiwillig und muss in dieser Akteursgruppe eigenverantwortlich entschieden werden.

Aufgabe des Arbeitskreises Umwelt, oder einer von ihm betrauten Person ist es auch, in dieser Phase die anderen Akteursgruppen bzw. die einzelnen Hochschulmitglieder über den Stand, den Erfolg und die zukünftig geplanten Aktivitäten im Umweltmanagementsystem zu informieren. Zu dieser Information gehört auch der Aufbau einer kontinuierlichen Diskussionsplattform, die z.B. eine Fortbildungsreihe für Hochschulmitarbeiter(innen) einnehmen kann. Im Prozess der Zielerreichung ist es bei der Weiterentwicklung des Umweltmanagementsystems eine wesentliche Aufgabe des Arbeitskreises Umwelt, bzw. des Fachpersonals, Prozessabläufe genau zu identifizieren und zu optimieren. Auf der anderen Seite ist es auch wesentlich, dass Ergebnisse über erreichte Ziele an zentraler Stelle (Umweltkoordinator) zusammenlaufen.

Der Erfolg vieler Umweltmaßnahmen hängt in erheblichem Maße vom individuellen Verhalten der einzelnen Personen ab. Hierzu ist jedes Hochschulmitglied aufgefordert und wird durch Schulungen und motivationsfördernde Maßnahmen unterstützt. Je mehr Ideen, Erfahrungen, Initiativen und Meinungen von den Hochschulmitgliedern in den Umweltmanagementprozess eingebracht werden, um so besser kann die pluralistische Struktur und der Ideenwettstreit zur optimalen Entwicklung des Umweltmanagementsystems beitragen.

### Zielüberprüfung

Die Zielüberprüfung erfolgt durch das Umweltaudit. Dieses liegt in der operativen Ausführung beim Arbeitskreis Umwelt bzw. dem Umweltkoordinator. Diese nehmen den Abgleich zwischen erreichten Zielen und selbst gesetzten Zielen vor. Das Ergebnis wird dokumentiert und in der Hochschule vorgestellt, um damit eine breite Diskussion unter Beteiligung aller Akteursgruppen anzuregen und neue Anregungen, Ideen und Erfahrungen in den Umweltmanagementprozess einzubringen.

Im Umweltmanagement-Review wird durch den Verantwortlichen für das Umweltmanagementsystem die Wirksamkeit des Umweltmanagementsystems überprüft. Auch die Ergebnisse dieses Prozesses sind Ausgangspunkt für die weitere offene Diskussion unter allen Hochschulmitgliedern.

Die Ergebnisse der Zielüberprüfung dienen als Grundlage für die neue Zielfindung und schließen damit den Kreislauf der stetigen Verbesserung im Umweltmanagementsystem.

## Das Umwelthandbuch

Das Umwelthandbuch ist das zentrale formale Dokument zur Festlegung aufbau- und ablauforganisatorischer Maßnahmen. Es fußt zum einen auf bereits vorhandenen Regelungen, die teilweise ergänzt, aktualisiert und besser aufeinander abgestimmt wurden, und zum anderen auf neuen Regelungen, die für ein Umweltmanagementsystem erforderlich waren und im wesentlichen die Verantwortlichkeiten und Abläufe betreffen. Durch zentrale Regelungen werden z.B. die Laborsicherheit, die Abfallentsorgung, die Notfallplanung und die Rechtssicherheit sowie die Aufrechterhaltung des Umweltmanagementsystems definiert.

Eine weitere Spezifizierung erfolgt, falls notwendig, in Verfahrensanweisungen und/oder den Arbeitsplatzbeschreibungen.

## Motivation und Vertrauensbildung als Erfolgsfaktoren

Die Erfolgsfaktoren für das Gelingen des Vorhabens an der Universität Lüneburg werden im folgenden beschrieben.

### Personen an der Hochschule

Die Übernahme von Verantwortung im Umweltschutz, die offensive Vermarktung der gesteckten Ziele und das Verleihen eines offiziellen Status für das Umweltmanagementsystem ist zentrale Aufgabe der Hochschulleitung. Hier ist es besonders vorteilhaft, wenn neben dem persönlichen Engagement für den Umweltschutz auch ein fachlicher Bezug hergestellt werden kann.

Die fachliche Kompetenz der zentral mit Belangen des Umweltschutz betrauten Personen (Fachpersonal) ist eine Grundvoraussetzung für ein Umweltmanagementsystem.

Die Einsatzbereitschaft der Dekane in den Fachbereichen ist, insbesondere vor dem Hintergrund der spezifischen Hochschulstruktur, wesentlich für die Einbeziehung der Fachbereiche.

Die Studierenden können sehr wertvolle Beiträge leisten, wenn diese über Projektseminare definiert, organisiert und koordiniert werden.

Schließlich muss es das Ziel sein, alle Statusgruppen aktiv in den Prozess einzubeziehen.

### Externe Beratung

Ein externer Berater – dem allerdings die spezielle Hochschulorganisation sehr gut bekannt sein sollte – kann als anerkannter und unabhängiger Moderator Daten erheben, bei Konflikten vermitteln und Maßnahmenpakete als Vorschläge präsentieren.

Durch einen externen Berater können hochschulinterne Abläufe ohne „Betriebsblindheit" erkannt und analysiert werden. Darüber hinaus ergibt sich die Möglichkeit, das gesamte Projektmanagement in eine Hand zu geben, ohne hochschulinterne Eitelkeiten zu berühren.

### Kommunikation und Information

Der wesentlichste Unterschied zwischen Unternehmen und Hochschulen bei der Umsetzung von Umweltmaßnahmen ist die Tatsache einer fehlenden Linienorganisation zwischen Hochschulleitung und Fachbereichen. Besonders Verhaltensänderungen sind rein argumentativ zu erwirken. Dadurch kommen der internen Kommunikation und kontinuierlichen Information besondere Bedeutung zu.

# Erfolgsfaktoren für ein Umwelt-Audit

Die Hochschulorganisation zum Umweltschutz und Entscheidungen, die das Verhalten der Hochschulmitglieder betreffen, sind einvernehmlich in den relevanten Gremien der Hochschule zu verabschieden.

Letztlich sind es die einzelnen Personen – Studierende, wissenschaftliches Personal, Verwaltungsangestellte –, die durch ihr aktives Handeln das Umweltmanagementsystem mit Leben erfüllen und zum Schutz der Umwelt beitragen können. Ein gegenseitiges Vertrauen muss daher aufgebaut werden.

## Räumliche Situation

Ein kleines Campusgelände (räumlich und personell) bietet ideale Voraussetzungen für den Aufbau eines Umweltmanagementsystems.

## Integration in das gesamte Hochschulmanagement

Das Umweltmanagement muss in das Management der gesamten Hochschule eingebettet sein und den Arbeitsschutz, einschließlich Gesundheitsschutz einbeziehen. Durch diesen integrativen Ansatz sind Synergien (Effizienzsteigerungen) erzielbar. Bei der Regulierung ist aber zu beachten, dass ein ausgewogener Weg zwischen Regulierung und Innovation beschritten wird, um nicht durch Überregelung Ablehnung und Innovationsmangel zu provozieren.

Mit dieser Integration einher gehen die laufenden Umstrukturierungen in der Hochschulverwaltung und die generelle Erfordernis, im Zuge der Neuordnung der Hochschulorganisation neue Strukturen zu schaffen (Globalhaushalt, Einführung von Controlling etc.). Diese Situation bietet eine gute Gelegenheit, den Umweltmanagementprozess sowohl als Anregung als auch als weiteres Element in die Hochschulstrukturen einzubinden.

## Gesamtprojekt „Agenda 21 – Universität Lüneburg"

Das Vorhaben „Umweltmanagement an der Universität Lüneburg" ist eingebunden in das Gesamtprojekt „Agenda 21 – Universität Lüneburg". Positiv für das Teilprojekt „Umweltmanagement" war die intensive Vernetzung mit den anderen Teilprojekten.

Beispiel Teilprojekt Energie: Neben einer effektiven Arbeitsteilung kam es durch spezifische Aktivitäten dieses Teilprojektes zu sehr tiefgreifenden Erkenntnissen über die Energiesituation und zu zahlreichen Modellversuchen.

Beispiel Teilprojekt Öffentlichkeitsarbeit: Einen sehr wesentlichen Beitrag zur Information der Hochschulangehörigen hat das Teilprojekt Öffentlichkeitsarbeit, z.B. durch die einmal pro Semester erscheinende Zeitung „Campus-Courier", geleistet.

Auf den Sitzungen des Projektbeirates wurden darüber hinaus sehr konstruktive Vorschläge für die Realisierung des Projektes diskutiert.

## Öffentlichkeitsarbeit und hochschulinterne Werbung für das Umweltmanagement

Die Motivation der Hochschulangehörigen wurde nur erreicht, wenn die angestrebten Ziele als positiv empfunden wurden und die Betroffenheit des Einzelnen verdeutlicht werden konnte. Aus diesem Grund hatte die Information und Kommunikation bei der Implementierung des Umweltmanagementsystems einen besonderen Stellenwert. Dabei galt es auch, mit kreativen Mitteln den Hochschulangehörigen den Nutzen zu verdeutlichen, da die notwendigen Maßnahmen zunächst oft nur als Mehrarbeit empfunden wurden.

Sehr problematisch ist es, den gesamten Nutzen des Öko-Audit an der Universität Lüneburg monetär zu bewerten und den Kosten gegen-

über zu stellen. Die zentralen Nutzeffekte lassen sich jedoch wie folgt kategorisieren und qualitativ beschreiben:
- Mehr Effizienz in der Organisation wird erzielt durch die Bündelung von Aufgaben, die Systematisierung von Abläufen, die Dokumentation von Prozessen, die Vermeidung von Doppelarbeiten, die Definition von Schnittstellen und die Klärung von Zuständigkeiten.
- Mehr Sicherheit für die Mitarbeiter(innen) wird erzielt durch die systematische Aufdeckung von Gefahrenquellen und Belastungspotentialen, deren Beseitigung und die Vermeidung von Arbeitsunfällen und Gesundheitsbelastungen, wobei organisatorische Maßnahmen und Prävention im Vordergrund stehen.
- Mehr Umweltschutz und weniger Kosten werden erzielt durch die Erfassung der Verbräuche, die Aufdeckung von Einsparungsmöglichkeiten (z.B. Vergleich von Zahlen) und die Initiierung entsprechender Einsparungsmaßnahmen.
- Mehr Möglichkeiten der Außendarstellung werden erzielt durch die Werbung mit einem positiven Umweltimage in der regionalen und überregionalen Öffentlichkeit.
- Mehr Möglichkeiten bei „Verhandlungen" mit den Überwachungsbehörden werden erzielt durch den Nachweis einer freiwilligen Selbstkontrolle. Auf diese Weise können ggf. Überwachungserleichterungen erzielt werden. Entsprechende Rechtsverordnungen sind in einigen Bundesländern bereits erlassen worden. Eine Verordnung des Bundes ist in Vorbereitung.
- Mehr Rechtssicherheit wird erzielt durch die aktive Erfassung der relevanten Rechtsvorschriften und die Überwachung von Veränderungen und die gezielte Information der Betroffenen in der Hochschule sowie durch ein Anlagen- bzw. Genehmigungsmanagement.
- Mehr Motivation der Mitarbeiter(innen) wird erzielt durch die stärkere Identifikation mit der Organisation und die Zunahme des Knowhows im Umwelt- und Gesundheitsschutz sowie durch ein gestiegenes Verantwortungsbewusstsein für die natürlichen Lebensgrundlagen.

## Fazit und Ausblick

Während des Projektes „Umweltmanagement an der Universität Lüneburg" gab es bei den beteiligten Akteuren an der Hochschule keinen Zweifel an der Notwendigkeit der Optimierung des Arbeits- und Umweltschutzes. Allerdings bestanden Ängste, die Freiheit von Forschung und Lehre könnte durch das Umweltmanagementsystem tangiert werden. Obwohl aber Forschung und Lehre als Kernprozesse einer Hochschule über die zuständigen Hochschulmitglieder und -organe in das Umweltmanagementsystem einbezogen wurden, steht und stand die Freiheit von Forschung und Lehre niemals zur Diskussion. Dieses war auch eine besondere Intention der Hochschulleitung und ist eine Prämisse bei der Arbeit von HIS.

Die erfolgreiche Einführung eines Umweltmanagements an der Universität Lüneburg hat gezeigt, dass auch den häufig angeführten drei zentralen Argumenten gegen ein integriertes Umweltmanagementsystem in Hochschulen begegnet werden konnte (Stratmann 2000):

**1. Wir als Hochschule machen konkreten Umweltschutz; hierfür brauchen wir kein Öko-Audit**

Am Beispiel Lüneburg hat sich gezeigt, dass die Hochschule zwar seit langem Umweltschutz und Arbeitsschutz als zentrale Aufgabe in der Hochschulverwaltung verankert hat. Die Themenbereiche wurden dabei aber als ein „Set von Einzelmaßnahmen abgearbeitet". Durch die intensive Bestandsaufnahme und den Übergang zu einem Managementsystem wurden neue Arbeitsschwerpunkte entdeckt, Verantwortlichkeiten eindeutig(er) definiert, Verfahrensabläufe automatisiert und „Frühwarnsysteme" integriert. Sehr wesentlich ist auch die Erkenntnis, dass durch die detaillierte Bestandsaufnahme Möglichkeiten der Kosteneinsparung identifiziert werden können.

## 2. Ein Öko-Audit führt mit seinem Formalisierungszwang nur zum Aufbau von Bürokratie

Am Beispiel der Universität Lüneburg hat sich gezeigt, dass Formalisierungszwang zwar vorliegt (dort, wo es um kontinuierliche Prozesse geht), dieser jedoch auf ein Minimum begrenzbar ist (die EG-Öko-Audit-Verordnung ermöglicht einen relativ großen Spielraum). Nicht verzichtbar ist die Erstellung von zentralen Vorgaben für das Öko-Audit. Dieses sind die obligatorischen Dokumente wie „Grundsätze zum Umweltschutz", „Umweltprogramm mit Zuständigkeiten und Verantwortlichkeiten", „Dokumentation der Umweltprüfung" und Festlegung der wichtigsten Verfahrensabläufe. Aber dennoch ist Innovation möglich und die Handlungs- bzw. Umsetzungsfreiheit sehr groß. Die Formalisierung bringt aber auch Vorteile, wenn es um die Zuweisung von Aufgaben, insbesondere bei arbeitsteiliger Vorgehensweise, geht und wenn die selbst gesteckten Ziele eigenverantwortlich überprüft werden sollen. Auch mit dem Öko-Audit ist es gelungen, durch Motivation und nicht durch Regelungen den Umweltschutz in das tägliche Handeln zu integrieren.

## 3. Umweltmanagementsystem und gegenwärtige Hochschulstrukturen passen nicht zueinander

Am Beispiel Lüneburg hat sich gezeigt, dass auch eine heterarchisch organisierte Hochschule, in der Fachbereiche als autonome Einrichtungen fungieren, ein Umweltmanagementsystem gemäß der EG Öko-Audit-Verordnung implementieren kann. Dieses ist möglich, weil die Verordnung hinsichtlich der Ausgestaltung der Umweltorganisation einen Freiraum zulässt. Für die speziellen Hochschulstrukturen sind allerdings andere Managementwerkzeuge einzusetzen, als diese in Unternehmungen zur Anwendung kommen. Die Kommunikation und Motivation (als Ersatz für Regelungen „top-down") hat darüber hinaus den Vorteil, dass sie nachhaltiger ist. Die Einrichtung eines Umweltmanagementsystems hat darüber hinaus für die Einrichtung Hochschule den Vorteil, dass das eigene Selbstverständnis der Fachbereiche und ihre „Kontaktflächen" zur Hochschulverwaltung überprüft werden kann.

Allerdings ist ein weiteres, in dieser Weise nicht erwartetes „Gegenargument" aufgetreten.

**4. Studierende zeigen an einem Umweltmanagement bzw. aktivem Umweltschutz nur wenig Interesse**

Unbeschadet der Tatsache, dass in Lehrveranstaltungen Studierende wesentliche Beiträge bei der Datenbeschaffung und Auswertung geleistet haben, bleibt festzuhalten, dass bei einer großen Zahl von Studierenden eine Interesselosigkeit bei den Belangen des universitären Umweltschutzes erkennbar ist. Lediglich die Enthusiasten unter den Studierenden, die sich auch ohne große Aufforderung für die Belange des Umweltschutzes einsetzten, waren auch für den angewandten Umweltschutz im Hochschulbetrieb zu begeistern. In diesem Fall gilt es anzuerkennen, dass für den überwiegenden Teil der Studierenden andere Aspekte im Fordergrund stehen, als der praktische Umweltschutz an der eigenen Hochschule.

Für die Universität Lüneburg und die anderen bereits zertifizierten oder validierten Hochschulen kommt es jetzt darauf an, den begonnenen Prozess weiterzuführen. Gerade hierin wird eine große Schwierigkeit liegen, da die anfängliche Euphorie erfahrungsgemäß abflachen wird. Mit der erfolgreichen Validierung wurde also nur ein erster Schritt gemacht. Eine wirkliche Perspektive hat das Umweltmanagement nur dann, wenn der Umwelt- und Arbeitsschutz Inhalt des täglichen Betriebes wird. Gerade in dieser Verstetigung (Institutionalisierung) der Prozesse, die bisher maßgeblich durch den externen Berater unterstützt wurden, liegt die Hauptaufgabe der Universität Lüneburg.

Der Qualität der Aufbau- und Ablauforganisation wird daher ganz besondere Bedeutung zukommen. Zu diesem Zweck sind die Prozesse und Abläufe an der Universität noch weiter zu analysieren und in der Ablauforganisation diejenigen Schritte heraus zu arbeiten, die Relevanz für den Umwelt- und Arbeitsschutz haben. Nur mit dieser Kenntnis können z.B. weitere Schnittstellen offengelegt werden oder nachlassendes Engagement im Umweltschutz erkannt und diesem begegnet werden.

Über diese internen Aufgaben der weiteren Optimierung des Umweltmanagements hinaus, weisen einige derzeitige Aktivitäten darauf hin, dass die Entwicklung innovativ weiterverlaufen wird:
- An der Universität Paderborn integriert ein Institut in das Arbeits- und Umweltschutzmanagement auch die Qualitätssicherung.
- An der Universität Lüneburg wird das Umweltmanagementsystem im Rahmen eines Projektes zur Agenda 21 realisiert. Die Überlegungen gehen dahin, ggf. das Umweltaudit zu einem „Nachhaltigkeitsaudit" auszuweiten.
- An der Universität Hannover ist geplant, im Rahmen einer Validierung des Umweltmanagementsystems eine vergleichbare Vorgehensweise für den Arbeitsschutz zu erproben.

## Anhang

### Die Grundsätze der Universität Lüneburg zum Umweltschutz[6]

Die Förderung des Umweltschutzes in Theorie und Praxis ist als Aufgabe in der Grundordnung der Universität Lüneburg definiert. Die Universität Lüneburg stellt sich damit ihrer Verantwortung zum Erhalt der natürlichen Lebensgrundlagen, die sich auch aus dem Grundgesetz der Bundesrepublik Deutschland ergibt.

---

6  Aus der Umwelterklärung 2000 der Universität Lüneburg

Auf Grund eines Senatsbeschlusses wurde ferner die COPERNICUS-Charta der Europäischen Rektorenkonferenz (CRE) unterzeichnet, womit sich die Universität Lüneburg dem Gedanken der Nachhaltigkeit in der Forschung, Lehre und Verwaltung verpflichtet.

Die nachfolgenden Grundsätze der Universität Lüneburg zum Umweltschutz dienen der konkreten Umsetzung von Umweltschutzzielen. Danach ist die Universität Lüneburg darin bestrebt, alle von ihr ausgehenden direkten und indirekten Umwelteinwirkungen weitgehend zu minimieren und ständig nach weiteren Verbesserungsmöglichkeiten zu suchen.

1. Die Universität Lüneburg sieht es als wesentliche Aufgabe an, die technischen und organisatorischen Voraussetzungen zu schaffen, um die durch ihren Betrieb verursachten Umwelt- und Gesundheitsbelastungen auf ein möglichst geringes Maß zu reduzieren. Dabei stellt die Einhaltung aller rechtlichen Vorschriften die Mindestanforderung für jegliches Handeln dar.
2. Der sparsame Einsatz von Ressourcen wie natürliche Rohstoffe, Energie und Wasser sowie der verantwortungsvolle Umgang mit gefährlichen Stoffen ist Grundsatz für alle Planungen und Aktivitäten der Universität Lüneburg.
3. Umwelt- und gesundheitsbelastende Emissionen sowie Abfälle werden von der Universität Lüneburg so weit wie möglich vermieden bzw., wenn dies aus betrieblichen Gründen nicht möglich ist, nach bester verfügbarer Technik und wirtschaftlicher Vertretbarkeit reduziert, verwertet oder entsorgt.
4. Der Arbeits- und Gesundheitsschutz sowie vorbeugende Maßnahmen zur Verhütung von Unfällen und Störfällen sind Bestandteil aller Planungen und Aktivitäten an der Universität Lüneburg. Zusammen mit den zuständigen Behörden werden Vorkehrungen getroffen, um unfallbedingte Auswirkungen auf Umwelt und Gesundheit zu vermeiden.
5. Im Umweltprogramm der Universität Lüneburg werden sowohl Umweltziele als auch die zur Erreichung dieser Ziele notwendigen

Umweltmaßnahmen festgeschrieben. Die kontinuierliche Dokumentation umweltrelevanter Daten und die regelmäßige Überprüfung der Umweltziele und -maßnahmen schafft Transparenz und gibt Anlass zu möglichen Korrekturen und weiteren Verbesserungsmöglichkeiten.

6. Die Universität Lüneburg bietet ihren Studierenden in fachbezogenen und fächerübergreifenden Lehrveranstaltungen und Studienangeboten vielfältige Möglichkeiten, sich eigenverantwortlich mit Themen und Problemen des Umweltschutzes auseinander zu setzen.
7. Die Universität Lüneburg unterstützt mit ihrer wissenschaftlichen Kompetenz den öffentlichen Diskurs über Umweltfragen und greift Themen des Umweltschutzes und regionaler, nationaler und internationaler Umweltprobleme in ihren Forschungsaktivitäten auf.
8. Mit regelmäßigen Informations- und Schulungsangeboten bezieht die Universität Lüneburg ihre Mitarbeiterinnen und Mitarbeiter in die Diskussion zur Umsetzung der Grundsätze des Umweltschutzes ein und unterstützt sie darin, umweltorientiert zu handeln und damit beispielhaft gegenüber ihren Studierenden aufzutreten.
9. Die Universität Lüneburg trifft Vorkehrungen, um alle von ihr ausgehenden Umwelt- und Gesundheitsbelastungen zu erfassen und zu minimieren. Dazu werden die am Standort der Universität Lüneburg ansässigen Fremdfirmen sowie Vertragspartner und Dritte in die Umweltziele und das Umweltprogramm der Universität Lüneburg einbezogen.
10. Im Dialog mit der Öffentlichkeit wird über die Umweltaktivitäten der Universität Lüneburg informiert und diskutiert. Dadurch werden sowohl die bereits durchgeführten Umweltmaßnahmen nach außen kommuniziert als auch Anregungen von außen zur weiteren Verbesserung des Umwelt- und Gesundheitsschutzes aufgenommen.

## Das Umweltprogramm der Universität Lüneburg in Auszügen[7]

I. Organisatorische Ziele

1. Klare Definition von Zuständigkeiten, Verfahrensabläufen und organisatorischen Schnittstellen im Umweltschutz
   Maßnahmen (Auswahl aus dem Umweltprogramm):
   - Sicherstellung eines kontinuierlichen Verbesserungsprozesses für das Umweltmanagementsystem; Umsetzungszeitraum: fortlaufend bis 2002
   - Schrittweise Übertragung des Umwelthandbuchs in digitale Medien; Umsetzungszeitraum: fortlaufend bis 2002

2. Ausbau eines Umweltinformationssystems für die Universität Lüneburg
   Maßnahme:
   - Schrittweiser Aufbau eines Umweltcontrolling für die Universität Lüneburg und Integration in bestehende bzw. noch zu schaffende Controllingsysteme; Umsetzungszeitraum: fortlaufend bis 2002

3. Sicherstellung der Rechtssicherheit im Bereich Umweltrecht für die Universität Lüneburg
   Maßnahme:
   - Aufnahme von umweltrechtlichen Themen in die fortlaufenden Informations- und Seminarveranstaltungen für Mitarbeiterinnen und Mitarbeiter; Umsetzungszeitraum: fortlaufend bis 2002

---

[7] Aus der Umwelterklärung 2000 der Universität Lüneburg, ohne Verantwortlichkeiten

## II. Ziele zur Ressourcenschonung

4. Kontinuierliche Reduzierung des spezifischen Energieverbrauchs (Wärmeenergie und elektrische Energie) und der dadurch bedingten Emissionen
   Maßnahmen (Beispiele):
   - Weitergehende genaue Analyse der vorliegenden Verbrauchsdaten zur Identifizierung von Einsparpotentialen in den einzelnen Gebäuden und Einrichtungen und daraufhin Durchführung von Maßnahmen zur Senkung des Energieverbrauchs; Umsetzungszeitraum: fortlaufend bis 2002
   - Ausbau der Gebäudeleittechnik zur automatisierten Erfassung von Verbrauchsdaten und verbesserte Regelung von Beleuchtung und Heizung in den einzelnen Gebäuden; Umsetzungszeitraum: fortlaufend bis Ende 2000

5. Weitere Reduzierung des spezifischen Frischwasserverbrauches
   Maßnahmen (Beispiele):
   - Weitergehende genaue Analyse der vorliegenden Verbrauchsdaten zur Identifizierung von Einsparpotentialen in den einzelnen Gebäuden und Einrichtungen und daraufhin Durchführung von Maßnahmen zur Senkung des Wasserverbrauchs; Umsetzungszeitraum: fortlaufend bis 2002
   - Festlegung konkreter, quantitativer Einsparziele für einzelne Gebäude und Einrichtungen; Umsetzungszeitraum: 12/2000

6. Reduzierung des Abfallaufkommens, speziell der hausmüllähnlichen Gewerbeabfälle
   Maßnahmen (Beispiele):
   - Aufstellung neuer Sammelbehälter für Papier auf den Fluren und Aufstellung von Papiersammelboxen in den Büros zur schrittweisen Reduzierung des Papieranteils im Hausmüll um 50% vom derzeitigen Stand; Umsetzungszeitraum: Aufstellung bis 5/2000, Reduzierung um 25% bis 5/2001, um weitere 25% bis 5/2002

- Information und Motivation der Hochschulmitglieder zur verbesserten Abfalltrennung durch eine Abfallrichtlinie; Umsetzungszeitraum: Sommer 2000

7. Reduzierung des spezifischen Papierverbrauchs und weitmögliche Umstellung auf den Einsatz von Recyclingpapier
   Maßnahmen (Beispiele):
   - Bereichsbezogene Erfassung, Dokumentation und Veröffentlichung des momentanen Papierverbrauchs und dadurch Sensibilisierung der Hochschulmitglieder zur Einsparung von Papier; Umsetzungszeitraum: 5/2000 und fortlaufend bis 2002
   - Prüfung der Möglichkeiten, inwieweit durch den Ausbau der Nutzung von Inter- und Intranet sowie E-Mail-Verteilern für universitäre Rundschreiben und Bekanntmachungen der Papierverbrauch gesenkt werden kann; Umsetzungszeitraum: fortlaufend bis 2002

8. Reduzierung des Kraftfahrzeugverkehrs sowohl für die Anreise zum Campus als auch auf dem Campusgelände
   Maßnahmen:
   - Prüfung und anschließende Umsetzung von geeigneten Maßnahmen und neuen Konzepten, um den Kraftverkehr auf dem Campusgelände zu reduzieren; Umsetzungszeitraum: fortlaufend bis 2002
   - Ausweitung des Semestertickets auf die Strecken der Deutschen Bahn AG – speziell „Hamburg – Lüneburg – Uelzen"; Umsetzungszeitraum: Ende 2001

9. Berücksichtigung von Umweltaspekten bei der Beschaffung und Auftragsvergabe gegenüber Lieferanten und Dienstleistungsunternehmen
   Maßnahmen (Beispiele):
   - Information aller Lieferanten und Dienstleister über das Umweltmanagementsystem der Universität Lüneburg; Umsetzungszeitraum: 7/2000, fortlaufend bis 2002
   - Aufnahme von Umweltaspekten als eigenständiges Element in die Vertragsgestaltung mit Fremdfirmen; Umsetzungszeitraum: fortlaufend bis 2002

## III. Informationsziele

10. Regelmäßige Informations- und Weiterbildungsmaßnahmen zum Umweltschutz für alle Hochschulmitglieder
Maßnahme:
   - Aufrechterhaltung eines Informations- und Weiterbildungsprogramms zum Umweltschutz und dessen hochschulweite Bekanntmachung; Umsetzungszeitraum: fortlaufend bis 2002

11. Information der Öffentlichkeit über die Umweltschutzaktivitäten der Universität Lüneburg
Maßnahmen:
   - Regelmäßige Berichte über das Umweltmanagementsystem in den Publikationen der Universität, in der regionalen Presse und über das Internet; Umsetzungszeitraum: fortlaufend bis 2002

## IV. Ziele in Arbeitssicherheit und Gesundheitsschutz

12. Weitere Optimierung des Umganges mit Gefahrstoffen
Maßnahmen:
   - Anpassung der Laborordnung an jeweils aktuelle Anforderungen, die sich durch stoff- oder anlagenspezifische Änderungen ergeben; Umsetzungszeitraum: fortlaufend bis 2002
   - Optimierung der Praktikumsversuche hinsichtlich des Einsatzes gefährlicher Stoffe, Energie und Wasser sowie didaktischer Möglichkeiten, den Umgang mit Gefahrstoffen den Studierenden zu vermitteln; Umsetzungszeitraum: fortlaufend bis 2002

13. Sicherstellung einer umfassenden Notfallvorsorge durch Erste-Hilfe-Schulungen, Brandschutzübungen, Notfall- und Alarmierungspläne und fortlaufende Verbesserung des Arbeits- und Gesundheitsschutzes

Maßnahmen:
- Angebot und Durchführung von Erste-Hilfe-Schulungen und Brandschutzübungen für alle Hochschulmitglieder; Umsetzungszeitraum: fortlaufend bis 2002
- Auswertung der durchgeführten Gefährdungsanalyse und sofortige Beseitigung bestehender oder neu auftretender Gefährdungspotentiale; Umsetzungszeitraum: Auswertung bis 6/2000, sonst fortlaufend bis 2002

## V. Ziele in Forschung und Lehre

14. Einbindung von Forschung und Lehre in das Umweltmanagementsystem

Maßnahmen:
- Angebote für Studierende, sich am Umweltmanagementprozess aktiv zu beteiligen; Umsetzungszeitraum: fortlaufend bis 2002
- Wissenschaftliche Begleitung des Umweltmanagementprozesses; Umsetzungszeitraum: fortlaufend bis 2002

**Literatur**

Bastenhorst, Kai-Olaf/Gilch, Harald/Müller, Joachim/Schaltegger, Stefan: Umweltmanagement als Grundlage für die nachhaltige Universität. In: Michelsen, G. (Hrsg.): Sustainable University. Auf dem Weg zu einem universitären Agendaprozess. Frankfurt am Main: VAS, 2000 (Innovationen in den Hochschulen: Nachhaltige Entwicklung 1), S. 41–68

Der Präsident der Universität Osnabrück (Hrsg.): Öko-Audit-Gesetz jetzt auf Hochschulen ausgedehnt. In: Zeitung Universität Osnabrück, Nr. 1 (1998), S. 6

Habura, Tobias: Erste Hürde genommen. In: Fischer, Andreas; Michelsen, Gerd (Hrsg.): Campus Courier, Nr. 3, Sommersemester 2000, S. 1

HIS Hochschul-Informations-System GmbH (Hrsg.): Umweltmanagement in Hochschulen. Chancen und Grenzen eines Umweltaudits. HIS Kurzinformation Bau und Technik B 3/2000. Hannover, September 2000

Michelsen, Gerd (Hrsg.): Sustainable University. Auf dem Weg zu einem universitären Agendaprozess. Frankfurt/Main: VAS, 2000 (Innovationen in den Hochschulen: Nachhaltige Entwicklung 1)

Michelsen, Gerd/Schwiersch, Astrid: Vorreiter Lüneburg. Lokale Agenda 21-Prozesse an Universitäten. In: Ökologisches Wirtschaften Spezial. Greening the Universities, Nr. 3–4, 2000, S. 3–4

Müller, Joachim/Gilch, Harald: Praxisbeispiel Universität Lüneburg. In: HIS Kurzinformation. Umweltmanagement in Hochschulen. Chancen und Grenzen eines Umweltaudits. Nr. B 3, 2000, S. 29–34

Müller, Joachim/Stratmann, Friedrich: Entwicklung des Umweltmanagements an deutschen Hochschulen. Kurzporträt. In: HIS Kurzinformation. Umweltmanagement in Hochschulen. Chancen und Grenzen eines Umweltaudits. Nr. B 3, 2000, S. 1–4

Stratmann, Friedrich: Öko-Audit in Hochschulen. Lüneburg. In: Fischer, Andreas; Michelsen, Gerd (Hrsg.): Campus Courier, Nr. 3, Sommersemester 2000, S. 6

Stratmann, Friedrich/Müller, Joachim: Organisation des Arbeits- und Umweltschutzes in Hochschulen. Bestandsaufnahme der derzeitigen Hochschulpraxis und Vorschläge zur Organisationsgestaltung. Hannover: HIS, 1995 (Hochschulplanung 110)

Universität Lüneburg (Hrsg.): Umwelterklärung 2000. Lüneburg, September 2000

Kai-Olaf Bastenhorst

# Zur Institutionalisierung von Umweltmanagementsystemen an Hochschulen

## Einleitung

Mit der 1998 in Kraft getretenen Erweiterung der EG-Öko-Audit-Verordnung (englisch auch EMAS 1836/93: Environmental Management and Audit Scheme) auf den Dienstleistungsbereich (vgl. UAG-ErwV 1998) haben nun auch Hochschulen die Möglichkeit, sich ihr Umweltmanagementsystem (UMS) entsprechend validieren und zertifizieren zu lassen. Die Universität Lüneburg hat diesen Prozess im Mai 2000 als erste Universität Europas erfolgreich abgeschlossen. (Vgl. ausführlich den Beitrag von Müller/Gilch in diesem Band).

Seit der Verabschiedung EG-Öko-Audit-Verordnung 1993 und deren Überführung in bundesdeutsches Recht 1995 (vgl. Umweltauditgesetz – UAG 1995) haben sich ca. 2500 Unternehmen in Deutschland an dem Gemeinschaftssystem beteiligt. Vor diesem Hintergrund ist es verständlich, dass sich in der Umweltmanagementliteratur zahlreiche Beiträge zur Institutionalisierung von UMS in gewerblichen Unternehmen finden und für die betriebliche Praxis in Unternehmen schon zum Teil recht detaillierte Leitfäden und Praxishilfen zur Einführung „maßgeschneiderter" Umweltmanagementsysteme entwickelt worden sind (vgl. z.B. Laxhuber/Kelnhofer/Schlemminger 1998). Für den Hochschulbereich liegen dagegen noch sehr wenige Untersuchungen vor (Leal Filho (Hrsg.)1998; Viebahn/Matthies (Hrsg.)1999, 2000).

Es scheint zunächst naheliegend die Erfahrungen, welche bei der Einführung von UMS in den Unternehmen gemacht worden sind, auf die Hochschulen anzuwenden. Die Übertragbarkeit von in der Wirtschaft bewährten Managementprinzipien auf die Organisation Hochschule wird in der aktuellen Hochschuldebatte kontrovers diskutiert. (Vgl. Müller-Böling 2000; Hanft (Hrsg.) 2000). Als Haupteinwand gegen ein solches Vorgehen wird angeführt, dass Unternehmen und Hochschulen aufgrund ihrer institutionellen Besonderheiten grundsätzlich nicht vergleichbar seien und daher auch eine solche Übertragbarkeit gar nicht oder nur bedingt möglich wäre. In welchem Ausmaß diese Besonderheiten für das Hochschulmanagement relevant sind, muss je nach Zielrichtung der Reformvorhaben differenziert überprüft werden. Dies gilt auch für die Berücksichtigung der institutionellen Besonderheiten der Organisation Hochschule bei der Gestaltung von Umweltmanagementsystemen. (Vgl. Bastenhorst et. al. 2000, Müller/ Gilch und Stratmann in diesem Band).

Ich möchte im folgenden die Institutionalisierungsproblematik des UMS an Hochschulen in drei Schwerpunkten untersuchen, welche aufeinander aufbauen, aber eine jeweils eigene Akzentuierung hinsichtlich ihrer institutionellen Reichweite besitzen:
a) die Minimalanforderungen der EG-Öko-Audit-Verordnung als formaler Referenzrahmen für das Umweltmanagementsystem und deren Institutionalisierung auf der Managementebene der Hochschule
b) die Problematik der praktischen Institutionalisierung der operativen Kernaufgaben in der Aufbauorganisation der Hochschule
c) ein erweitertes Institutionalisierungsverständnis, dass die Rolle der Statusgruppen und die Potentiale des Umweltmanagements als Beitrag zur Organisationsentwicklung an der Hochschule aufgreift.

## Die EG-Öko-Audit-Verordnung als regelsetzendes Rahmenwerk

### Grundaussagen zum Umweltmanagementsystem

Die EG-Öko-Audit-Verordnung stellt ein europäisches Rahmenwerk dar, welches die individuellen Fähigkeiten der teilnehmenden Standorte berücksichtigen und ihre umweltpolitische Eigenverantwortung fördern soll. Kernprinzip ist die freiwillige Selbstverpflichtung zur Initiierung eines *„Kontinuierlichen Verbesserungsprozesses"* in der Umweltleistung. Die EG-Öko-Audit-Verordnung enthält ihrer Intention entsprechend keine spezifischen oder quantifizierten Umweltziele, sondern nennt nur die zu berücksichtigenden Bereiche (vgl. EG-Öko-Audit-Verordnung Anhang I.B.3.) wie etwa Emissionen, Abfälle, Wasser, Energie etc. Die teilnehmenden Standorte werden verpflichtet, in diesen Bereichen ihre eigenen Umweltziele zu definieren.

Das Öko-Audit ist ein System-Audit, d.h. die Vorschriften der Verordnung befassen sich vorwiegend mit den notwendigen (Mindest-)Anforderungen an das Umweltmanagementsystem und die Umweltbetriebsprüfung. Ziel des Systems (vgl. EG-Öko-Audit-Verordnung Artikel 1) ist die Förderung der kontinuierlichen Verbesserung des betrieblichen Umweltschutzes durch:
a) Festlegung und Umsetzung standortbezogener Umweltpolitik, -programme und –managementsysteme durch die Unternehmen;
b) systematische, objektive und regelmäßige Bewertung der Leistung dieser Instrumente,
c) Bereitstellung von Informationen über den betrieblichen Umweltschutz für die Öffentlichkeit.

Der Gesetzgeber hat mit der EG-Öko-Audit-Verordnung bewusst nur ein Rahmenwerk vorgegeben, dass den Beteiligten ein hohes Maß an Freiheitsgraden bezüglich der konkreten Ausgestaltung des UMS vor Ort überlässt.

Die wichtigsten Systemelemente des UMS sind in der EG-Öko-Audit-Verordnung in Artikel 2 sowie im Anhang I beschrieben:
- *Umweltpolitik:* Auf höchster Managementebene zu verabschiedende Handlungsgrundsätze für die Umweltpolitik, die in Einklang mit den in Anhang I, D genannten *„Guten Management Praktiken"* stehen.

- *Umweltziele:* Die konkreten Ziele, die sich der teilnehmende Standort im einzelnen für den Umweltschutz gesetzt hat.
- *Umweltprüfung:* Erste Bestandsaufnahme und Vorprüfung aller umweltrelevanten Sachverhalte am zu prüfenden Standort.
- *Umweltprogramm:* Eine Beschreibung der konkreten Ziele und Tätigkeiten des betrieblichen Umweltschutzes, einschließlich der dazu beschlossenen Maßnahmen und deren Fristen der Umsetzung.
- *Umweltbetriebsprüfung:* Umfassende, systematische und dokumentierte Prüfung aller relevanten Systemelemente der EG-Öko-Audit-Verordnung für den teilnehmenden Standort.
- *Umweltmanagementsystem:* Teil des gesamten übergreifenden Managementsystems zur Umsetzung und Managementkontrolle der umweltschutzbezogenen Ziele. Kernbestandteil sind die Aufbau- und Ablauforganisation des Umweltmanagements.
- *Umwelterklärung:* Sie wird für die Öffentlichkeit verfasst und soll in knapper, verständlicher Form geschrieben sein. Sie muss bestimmte in der EG-Öko-Audit-Verordnung vorgeschriebene Inhalte enthalten, von dem Umweltgutachter als gültig erklärt und nach jedem Betriebsprüfungszyklus (spätestens alle drei Jahre) neu erstellt werden.

## Verpflichtungen zur Institutionalisierung auf der Managementebene

Mit der Einführung eines UMS nach der EG-Öko-Audit-Verordnung muss die Hochschule eine Reihe von Verpflichtungen eingehen. Die Anforderungen bei Durchführung einer umfassenden Umweltbetriebsführung werden für die Universität Lüneburg von Müller/Gilch in diesem Band erläutert. Im folgenden sollen die institutionellen Verpflichtungen beschrieben werden, die sich für die Managementebene der Hochschule aus der Verordnung ergeben. Der Verordnungstext ist hinsichtlich der Beschreibung der Managementstrukturen bewusst offen formuliert, da die Verordnung möglichst viele Unternehmen unterschiedlicher Größen und Branchen mit jeweils eigenen Managementformen ansprechen sollte. Hochschulen haben wiederum andere Managementstrukturen als Unternehmen.

Die Rolle des Managements ist in der Verordnung nicht systematisch beschrieben, sondern den Ausführungen über die jeweiligen Systemelemente zu entnehmen.

In Anhang I.A.2. wird gefordert, dass die Umweltpolitik auf der *„höchsten Managementebene"* festzulegen ist. Für Hochschulen ist dies also die Hochschulleitung. Die Hochschulleitung kann die Ziele für die Gesamtorganisation Hochschule nicht autonom festlegen, sondern braucht dazu die Unterstützung des höchsten Selbstverwaltungsorgans der Hochschule, des Senats. Die Umweltpolitik der Universität Lüneburg wurde als „Grundsätze der Universität Lüneburg zum Umweltschutz" als Senatsbeschluss verabschiedet.

Nach Anhang I.B.1. sollen Umweltpolitik, -ziele und -programme von der *„höchsten geeigneten Managementebene"* festgelegt und in regelmäßigen Zeitabständen überprüft und gegebenenfalls angepasst werden. Auch hier muss jeweils bestimmt werden, wer an der Hochschule die „geeignete Managementebene" darstellt. Während Festlegung und Anpassung der Umweltpolitik wiederum Sache von Hochschulleitung und Senat sein sollten, sind die mehr im operativen Bereich angesiedelten Umweltziele und -programm am geeignetsten von der Hochschulleitung und dem für das UMS „bestellten Managementvertreter" zu beschließen.

Die einzige Aussage zum Managementvertreter findet sich in Anhang I.B.2.: *„Bestellung eines Managementvertreters mit Befugnissen und Verantwortung für die Anwendung und Aufrechterhaltung des Managementsystems."* Nähere Ausführungen werden nicht gemacht, z.B. welcher Managementebene dieser „bestellte Managementvertreter" angehören sollte. Für die Hochschule bietet es sich an, jeweils einen Managementvertreter mit Entscheidungsverantwortung und einen für die Durchführungsverantwortung zu benennen. Da die Entscheidungsverantwortung in der Hochschule der Hochschulleitung obliegt, sollte der Managementvertreter ein Mitglied der Leitung sein, entweder der Präsident, Vizepräsident oder Kanzler. Im Lüneburger Modell übernimmt der Kanzler als „Verantwortlicher für das Umweltmanagement" die Entscheidungsverantwortung. Dies hat darüber hinaus den Vorteil, dass der Kanzler als Verwaltungsspitze zugleich den Hochschulbereich leitet, der als Träger des UMS die größte Bedeutung besitzt. Für die operativen Aufgaben wurde in Lüneburg die Stelle eines Umweltkoordinators eingerichtet, der als Stabsstelle dem Kanzler zugeordnet ist und die Maßnahmen für die Anwendung und Aufrechterhaltung des Managementsystems koordiniert.

Damit sind zunächst einmal die Minimalanforderungen der Verordnung hinsichtlich der Institutionalisierung auf Managementebene erfüllt.

## Die Institutionalisierung der Kernaufgaben des UMS

### Die Notwendigkeit weiterer Institutionalisierungsentscheidungen

Hat sich eine Organisation für die Einrichtung eines UMS nach der EG-Öko-Audit-Verordnung entschlossen, steht sie vor der Aufgabe, das formale Rahmenwerk der Verordnung an die Gegebenheiten des teilnehmenden Standorts anzupassen und in ihre vorhandenen Organisationsstrukturen zu integrieren. Es sind dazu eine Reihe von weiteren Institutionalisierungsentscheidungen zu treffen.

Die Institutionalisierung im engeren Sinne betrifft Fragen der erforderlichen Regelung nach Artikel 2 Buchst e) der EG-Öko-Audit-Verordnung. Danach ist ein UMS *„der Teil des gesamten übergreifenden Managementsystems, der die Organisationsstruktur, Zuständigkeiten, Verhaltensweisen, förmlichen Verfahren, Abläufe und Mittel für die Festlegung und Durchführung der Umweltpolitik einschließt."* Hier zeigt sich der umfassende institutionelle Ansatz der Verordnung, welcher zu einer stetigen und flexiblen Anpassung des Umweltmanagementsystems in die Organisationsstruktur aufruft. Das Grundprinzip der kontinuierlichen Verbesserung der Umweltleistung impliziert quasi die Aufforderung, auch die organisatorischen Grundlagen kontinuierlich zu verbessern und entsprechend zu institutionalisieren.

Gehen wir von folgender Situation aus: Die Entscheidung für die Einrichtung eines Umweltmanagementsystems nach der EG-Öko-Audit-Verordnung ist gefallen und der Validierungsprozess eingeleitet. In Zusammenarbeit von externen Umweltberatern und internen Projektteams werden die Umweltbetriebsprüfung durchgeführt, die erforderlichen Daten gesammelt und das Umweltmanagementsystem, insbesondere die Aufbau- und Ablauforganisation, formal beschrieben. Sind die notwendigen Validierungsschritte erfolgreich absolviert und vom Umweltgutachter für gültig erklärt worden, erhält die Hochschule schließlich die Zertifizierung. Somit ist zumindest der institutionelle Ausgangsrahmen der EG-Öko-Audit-Verordnung, wie oben geschildert, für die Hochschule gültig.

In der nachfolgenden Phase der praktischen Umsetzung des UMS an der Hochschule sind je nach Stand der Vorarbeiten i.d.R. weiterhin eine Vielzahl von Aufgaben organisatorischer, technischer, personeller und kommunikativer Art zu bewältigen. Die Positionen des Verantwortlichen für das Umweltmanagement und des Umweltbeauftragten- oder Koordinators sind schon in der Validierungsphase festgelegt, aber Fragen des institutionellen „Fine-tunings" müssen gelöst werden: Wie integriert man die entwickelte UMS-spezifische Aufbau- und Ablauforganisation in die bestehenden Management- und Verwaltungsstrukturen? Soll der Umweltbeauftragte als Vollzeitstelle besetzt werden oder reicht eine Nebentätigkeit? Wie kann das Umweltprogramm effektiv umgesetzt werden? Wer ist für die jeweiligen Umsetzungsschritte nicht nur als Kollektiv, sondern auch konkret zuständig? Wie können EDV-Systeme zur Erfassung und Dokumentation UMS-relevanter Informationen mit vorhandenen EDV-Strukturen in

Schnittstellen verbunden werden? Soll es eine Öko-Controlling Funktion geben? Welche technischen Maßnahmen z.B. im Energie- und Gebäudemanagement sollen und können realisiert werden? Wer kann und soll die notwendigen Ressourcen in Form von Arbeitszeit und Know-How einbringen? Die Liste ließe sich je nach Ambition des Umweltprogramms fortsetzen.

## Die Verwaltung als primärer Adressat der Institutionalisierung

Als Träger des Umweltmanagementsystems sollte sicherlich die Hochschulverwaltung die zentrale Rolle erhalten, da hier die wichtigsten institutionellen Anknüpfungspunkte für eine dauerhafte Verankerung des UMS vorliegen:

Erstens *Kontinuität:* Aufbau- und Ablauforganisation erfordern eine kontinuierliche und langfristig tragfähige Zuordnung von Verantwortlichkeiten und Zuständigkeiten. Diese sollten an Stellen gebunden werden, die nicht durch vertragliche zeitliche Befristungen bedroht sind. Nur die Verwaltung kann diese notwendige personelle Kontinuität gewährleisten.

Zweitens *Aufgabenaffinität:* Das oben skizzierte Aufgabenspektrum betrifft überwiegend ohnehin schon der Verwaltung obliegenden Zuständigkeitsbereiche. Vor allem Fragen der baulichen und technischen Maßnahmen des „betrieblichen" Umweltschutzes fallen in die Zuständigkeiten der jeweiligen Dezernate.

Drittens *Gesamtkoordination und -Information:* Umweltmanagement erfordert die Integration in ein die gesamte Hochschule umfassenden Koordinations- und Informationssystem. Nur die Verwaltung besitzt über die Dezernate und den Kanzler als Verwaltungsspitze in der Hochschulleitung die Möglichkeiten zur Gesamtkoordination. Ebenfalls unterhält die Verwaltung die EDV-gestützten Informationssysteme für das Hochschulmanagement.

Viertens *Regeldurchsetzung:* Damit Maßnahmen im Umweltmanagement umgesetzt werden können, müssen sie für die Hochschulmitglieder verbindlich gemacht werden. Die Durchsetzungsfähigkeit ist im Verwaltungsbereich am größten, da hier die Weisungsbefugnisse über das Dienstrecht am klarsten strukturiert sind. Insbesondere die für das UMS erforderlichen Verfahrens- und Kontrollroutinen sind hier am besten zu verankern.

Fünftens *Identifikation* mit dem Arbeitsort Hochschule: Im Vergleich zu anderen Hochschulmitgliedern ist zu erwarten, dass sich die Verwaltungsmitglieder durch ihre längerfristige berufliche Bindung am ehesten mit der Organisation Hochschule als ganzes identifizieren. Dies ist dann von Bedeutung, wenn Umweltmanagement auch Teil einer „Corporate Identity" der Hochschule werden soll.

## Einige Szenarien für die Institutionalisierung der Kernfunktionen

All diese Gründe sprechen dafür, in der Verwaltung den primären Träger des UMS zu sehen und dies bei der weiteren Institutionalisierung zu berücksichtigen. Um ein der Komplexität der Hochschule angemessenes und damit effektives Umweltmanagement zu betreiben, müssen die operativen Kernaufgaben des Umweltmanagements (Koordination und Dokumentation der Aktivitäten, interne und externe Kommunikation, Kontrolle des Zielerreichungsgrades im Umweltprogramm, Kontrolle der Funktionsfähigkeit des Umweltmanagementsystems) eindeutig zugeordnet werden. Dazu sollte die Position eines operativ zuständigen Managementvertreters als Umweltbeauftragten (oder Umweltkoordinators) als Stabsfunktion so besetzt und ausgestattet sein, wie es der Aufgabenfülle insbesondere in der Aufbauphase entspricht (vgl. EG-Öko-Audit-Verordnung Anhang I.B.). Darüber hinaus wäre es wünschenswert, zur Unterstützung des Umweltmanagements eine Ökocontrollingposition einzurichten, welche als Querschnittsfunktion die Ziele des Umweltmanagementsystems in das übergeordnete Hochschulmanagement einbindet. Die Aufgaben der Ökocontrollingposition sollten die Bereiche Zielsetzung des UMS, den Aufbau des Informationssystems zur Entscheidungsunterstützung der Hochschulleitung, die Bereitstellung von Kontroll- und Steuerungsinstrumenten sowie die Kommunikation der entsprechenden Maßnahmen umfassen (vgl. Schaltegger/Sturm 1995).

Doch inwieweit kann der Verwaltungsbereich die erforderlichen fachlichen und personellen Ressourcen für ein „effektives" Umweltmanagement aufbringen? Folgt man der These, dass ein effektives Umweltmanagement an der Hochschule die Position eines Umweltbeauftragten/-koordinators mit voller Stelle und/oder eines Öko-Controllers erfordert, die fest institutionalisiert werden sollte, sind nun folgende Institutionalisierungsszenarien möglich:

**Szenario A:** die Positionen werden vollständig ausgestattet institutionalisiert.
Die Durchführungsverantwortung liegt federführend bei einer (bzw. zwei) Personen, die mit fachlicher Kompetenz ausgestattet und für die Kernaufgaben zuständig sind. Die Grundlagen für ein professionell betriebenes Umweltmanagement sind somit geschaffen. Das Umweltmanagementsystem wird dauerhaft in der Organisation Hochschule verankert und es ist zu erwarten, dass die einzelnen Anforderungen nach der EG-Öko-Audit-Verordnung in Abstimmung mit den anderen Statusgruppen konsequent Schritt für Schritt umgesetzt werden können.

**Szenario B:** die Positionen werden nur partiell ausgestattet institutionalisiert.
Es wird ein Umweltbeauftragter/-koordinator benannt, aber aus Gründen der Finanzknappheit kann dafür keine eigene Stelle geschaffen werden. Das gleiche gilt für die Position des Öko-Controllers. Die Aufgaben der Positionen werden entweder als Teilzeitstelle besetzt oder nur einer schon bestehenden Verwaltungsstelle zusätzlich zugewiesen. Trotz bester Absichten könnte die Aufgabenfülle wohl nur dann be-

wältigt werden, wenn dies in Form von freiwilliger Mehrarbeit geschieht, was auf die Dauer zu individueller Überlastung führt. Alternativ würden nur die wesentlichen Aufgaben bearbeitet, welches Abstriche in der Qualität des UMS und der Umsetzung des Umweltprogramms zur Folge hätte.

**Szenario C:** die Positionen werden partiell ausgestattet, aber ergänzt um kooperierende Teams, institutionalisiert.

In diesem Szenario wird versucht, die Probleme der potenziellen Arbeitsüberlastung des Umweltbeauftragten bei der partiellen Institutionalisierung dadurch zu kompensieren, dass die jeweils anstehenden Aufgaben an weitere kooperierende Teams delegiert wird. Die kooperativen Teams können unterschiedlich stark institutionalisiert sein: etwa dauerhaft in Form eines in der Aufbauorganisation verankerten Arbeitskreises (vgl. Gilch/Müller in diesem Band). Die Beteiligung von Teams als temporäre berufene Arbeitsgruppen oder Projektteams zur Lösung spezieller Aufgaben ist zwar eine bewährte und empfehlenswerte Methode, wenn es etwa um die Umsetzung einzelner Maßnahmen des Umweltprogramms geht. Wie ist es aber um die Eignung der Team-Lösung bestellt, wenn ein Team quasi stellvertretend kooperativ die Position des Umweltbeauftragten/-koordinators oder Öko-Controllers einnehmen soll?

Die Vorteile einer solchen kooperativen Lösung liegen zunächst darin, die Aufgabenbearbeitung auf mehrere Schultern zu verteilen, um dadurch die Aufgabenfülle insgesamt zu bewältigen. Je nach Bedarf können Vertreter aller Statusgruppen der Hochschule beteiligt werden, so dass von vornherein die verschiedenen fachlichen Kompetenzen, Interessen und Motivlagen Eingang in das Umweltmanagement finden können. Ebenfalls wird die Möglichkeit eröffnet, unterschiedliche Problembereiche parallel zu bearbeiten.

Die kooperative Lösung besitzt aber hinsichtlich der Institutionalisierungsproblematik auch erhebliche Nachteile. Die durch die partielle Institutionalisierung vorhandenen Institutionalisierungslücken in der Aufbauorganisation übertragen sich zeitlich versetzt in die kooperierenden Teams und müssen dort entsprechend entschieden werden. Zunächst müssen die jeweiligen Zuständigkeiten innerhalb der Gruppe je nach Aufgabenstand geklärt werden. Sind mehrere Statusgruppen involviert, ist die Delegation von Aufgaben nur durch freiwillige Vereinbarungen möglich, da es keine eindeutigen Hierarchien und daraus abgeleiteten Weisungsbefugnisse gibt. Die Aufteilung der jeweiligen Arbeitsvorhaben müssen stets explizit verhandelt werden und sind abhängig von den situativen individuellen Motiv- und Kapazitätslagen. Die Mitarbeit bedeutet meistens eine Mehrbelastung für die Betroffenen, da sie i. d. R. zusätzlich zu den bestehenden Aufgaben erfolgt. Die Kooperation ist daher maßgeblich auf freiwilliges Engagement und Selbstorganisation der Gruppen angewiesen.

Die kooperative Lösung erfordert einen Mehraufwand in Form eines erhöhten Koordinations-, Informations- und Terminabstimmungsbedarfs. Es können Verzögerungen bei der Aufgabenbearbeitung auftreten, da die jeweiligen individuellen Arbeitskapazitäten – z. B. in Forschung und Lehre – im Semesterablauf variieren.

Die genannten Schwierigkeiten zeigen die Grenzen des Szenarios C hinsichtlich der Institutionalisierung von Teams für eine dauerhafte Übernahme von Kernaufgaben des UMS auf. Der Vorteil liegt vor allem im Zeitgewinn bis Lösungen für die dauerhafte Institutionalisierung gefunden werden können. Dieser Zeitgewinn kann genutzt werden, das UMS in der Hochschule schon so weit zu verankern, dass es von den Hochschulmitgliedern als fester Bestandteil der Hochschulorganisation wahrgenommen wird. Ebenfalls wird im Laufe der Zeit allmählich erkennbar, inwieweit das Szenario C tragfähig ist, oder die Team-Lösung nur temporär als „second best" Lösung institutionalisiert werden sollte, um das Szenario B zu vermeiden. Anzustreben wäre dann aufgrund der gemachten Erfahrungen mittel- bis langfristig das Szenario A, in dem die Kernaufgaben schließlich vollständig von einem Umweltbeauftragten/-koordinator und/oder eines Öko-Controllers übernommen werden.

## Institutionalisierung im weiteren Sinne und die Rolle der Statusgruppen

### Ein erweitertes Verständnis von Institution und Institutionalisierung

Schon die Problematik der Institutionalisierung der Kernaufgaben des UMS zeigt, dass die für den Unternehmenssektor entwickelten Empfehlungen für die Gestaltung von UMS auf die spezifischen Gegebenheiten der Hochschulen angepasst werden müssen. Die spezifischen Gegebenheiten sind darin begründet, dass die Gesamtorganisation Hochschule aus unterschiedlichen Statusgruppen mit jeweils eigenen Motiven und Handlungskontexten besteht. Die Hochschulmitglieder sind zwar alle Angehörige der Hochschule, doch die Wahrnehmung der gesamtorganisatorischen Regelungen, deren Teil auch das Umweltmanagementsystem darstellt, wird primär durch den Filter der handlungsleitenden Regeln der eigenen Statusgruppe bestimmt. Zur Analyse der an der Hochschule geltenden handlungsleitenden Regeln soll im folgenden der erweiterte Institutionenbegriff der Sozialwissenschaften zugrunde gelegt werden.

Im alltäglichen Sprachgebrauch beschreiben Institutionen gesellschaftliche Einrichtungen. In den Sozialwissenschaften werden Institutionen umfassender definiert. Sie stehen für den komplexen Vermittlungsweg, in dem bestimmte Wertvorstellungen so konkretisiert und in Regeln übersetzt werden, dass sie schließlich eine Verhaltensrelevanz erlangen. Institutionen sind nach diesem Verständnis *„Vermittlungsinstanzen kultureller Sinnproduktion, durch welche Wertungs- und Normierungsstilisierungen verbindlich gemacht werden"*. (Rehberg 1994, S. 56) Sie bilden *„sozial normierte Verhaltensmuster, welche die Handlungsorientierungen ihrer Mitglieder und Interaktionspartner auf verschiedenen Ebenen beeinflussen."* Die Neue Institutionenökonomik betrachtet Institutionen als Regeln, die *„formell (wie z.B. Gesetze) oder informell (wie z.B. Konventionen) in Form eines sozialen Koordinationsmecha-*

*nismus eine bestimmte, die individuellen Interessen regulierende, kollektiv akzeptierte Norm in Verhaltensvorgaben für die verschiedenen Individuen umsetzen."* (Tscheulin et.al. 1998, S. 383). Sie liefern Anhaltspunkte für die Frage: *„Unter welchen Bedingungen haben Wertvorstellungen die Chance, zu Handlungsmaximen für eine Vielzahl von Akteuren zu werden?"* (Lepsius 1997, S. 57).

Individuelle Handlungen folgen einer Vielzahl von Regeln, die verschiedenen Ursprungs sein können. Sie lassen sich grob unterscheiden in:
- *Persönlichkeitsbezogene Regeln:* Diese Art von Regeln sind Ergebnis der individuellen Sozialisation. Sie sind Teil der Persönlichkeitsstruktur und von individuellen Erfahrungen, Werten und Motivationen geprägt.
- *Informelle Regeln:* Sie beruhen auf ungeschriebenen Konventionen, Traditionen, Arbeits- und Führungsstilen, persönlichen Umgangsformen etc. Sie sind Bestandteil der Organisationskultur und formen die zwischenmenschliche Interaktion.
- *Formale Regeln:* Darunter fallen alle schriftlich kodifizierten Regeln, also Gesetze, Verordnungen, Verfahrensanweisungen etc. Sie bilden den formalen Rahmen des Organisationshandelns.

Das individuelle Verhalten wird in einer gegebenen Entscheidungssituation von allen Regelebenen geprägt. Die persönlichkeitsbezogenen Regeln beruhen auf komplexen psychologischen Prozessen und entziehen sich damit einer kurzfristigen Beeinflussung. Ähnlich verhält es sich mit den informellen Regeln einer Organisation, welche kulturell gewachsen sind und sich erst allmählich ändern. Formale Regeln sind dagegen kurzfristig für eine Organisation gestaltbar, müssen sich aber in den Kanon schon existierender formaler Regeln einfügen. Der Grad ihrer Verbindlichkeit richtet sich nach ihrer Einordnung im gesamten handlungsleitenden Regelsystem.

Der erweiterte Institutionenbegriff impliziert als allgemeines heuristisches Instrument vor allem die Aufforderung, bei der Analyse von

Handlungen und Handlungsbereitschaft individueller Organisationsmitglieder die verschiedenen handlungsleitenden Regelebenen einzubeziehen. Angewendet auf den Kontext Umweltmanagement an der Hochschule ist also zu untersuchen, welche handlungsleitenden Regeln bei den verschiedenen Statusgruppen vorherrschen und welche Auswirkungen dies bei der Gestaltung des UMS haben könnte.

### Die Rolle der Statusgruppen

Jedes Hochschulmitglied handelt nach einem einzigartigen individuellen Verhaltensmuster. Die Komplexität der geltenden Verhaltensmuster an einer Hochschule ist wissenschaftlich schwer darstellbar. Um zu verwertbaren Aussagen über handlungsleitende Regeln zu gelangen, werden daher eine Reihe vereinfachender Annahmen getroffen. So müssen etwa die persönlichkeitsbezogenen Regeln, also die auf der individuellen Sozialisation beruhenden intrinsischen Motivlagen, aus der Betrachtung ausgeschlossen werden. Im allgemeinen soll vereinfachend grundsätzlich angenommen werden kann, dass das Kernanliegen „Umweltschutz" von fast allen Hochschulmitgliedern positiv bewertet wird.

Die individuellen Besonderheiten der Hochschulmitglieder werden im folgenden auf die Handlungsmotive eines idealtypischen Statusgruppenmitglieds reduziert. Die Vielfalt der informellen Regeln werden auf die wesentlichen Anreizstrukturen für das Handeln an der Hochschule beschränkt.

Die Rolle der Statusgruppe Verwaltung als Träger des UMS wurde schon besprochen und soll hier nicht weiter vertieft werden. Die Verwaltung kommt als alleiniger Akteur im UMS dann an ihre Grenzen, wenn a) die zu bearbeitenden Aufgabenfülle so umfangreich ist, dass sie die vorhandenen personellen Arbeitskapazitäten übersteigen oder b) die Umsetzung einzelner Maßnahmen in die Handlungsbereiche anderer Statusgruppen eingreift. In beiden Fällen ist für ein effektives

Umweltmanagement die Zusammenarbeit mit den anderen Statusgruppen erforderlich. Im folgenden soll skizziert werden, welche Anreize oder Besonderheiten bei der Zusammenarbeit mit den jeweiligen Statusgruppen zu berücksichtigen sind.

### Der Wissenschaftsbereich

Der Wissenschaftsbereich kann organisationstheoretisch als Expertensystem (vgl. Pellert 2000) charakterisiert werden. Es stellt die für die Hochschule wichtigste Ressource „Wissen" zur Verfügung und verfügt in der Organisation Hochschule über die größten Einflussmöglichkeiten. Die handlungsleitenden Regeln des Expertensystems folgen eigenen Gesetzmäßigkeiten und sind von den anderen Statusgruppen, inklusive der Hochschulleitung, kaum zu beeinflussen (Vgl. Hanft 2000a, S. 15). Der Wissenschaftsbereich verfügt über große Freiheitsgrade in den Identitätsbereichen der Hochschule wie Forschung und Lehre, und ist darin von „der Hochschulleitung und der zentralen Verwaltung weitgehend entkoppelt" (ebd., S. 17). Managementinstrumente wie Kontrolle und Autorität durch Hierarchie werden als systemfremd abgelehnt. Auch die Bindung und Identifikation mit der Organisation Hochschule ist nicht sehr stark ausgebildet. Für das Expertensystem stehen vielmehr die Regeln zur Anerkennung in der jeweiligen Scientific Community und im Kollegenkreis im Vordergrund. Zu diesen Regeln gehören z.B. eine hohe Publikationsrate, die innovative wissenschaftliche Bearbeitung neuer Themen, die Durchführung von Projektvorhaben zur Steigerung der internationalen Reputation etc.

Hinsichtlich der Akzeptanz eines Umweltmanagementsystems an der Hochschule wird sich der Wissenschaftsbereich zunächst wohlwollend neutral verhalten, solange das UMS keine Auswirkungen auf die eigene Forschung und Lehrtätigkeit hat und als Serviceleistung der Hochschulverwaltung begriffen wird. Eine aktive Beteiligung an der Gestaltung des UMS ist jedoch auch nur in besonderen Fällen zu erwarten.

Abgesehen von den seltenen Fällen einer rein intrinsisch motivierten Beteiligung kann das Expertenwissen im Wissenschaftsbereich dann zur Unterstützung des Umweltmanagements erschlossen werden, wenn dies nach den Regeln des Expertensystems geschieht. Das heißt in Form eines innovativen Projektvorhabens mit wissenschaftlichem Anspruch, der Integration in laufende Lehrveranstaltungen oder der Aussicht auf Verarbeitung der Erfahrungen in Publikationen.

## Die Hochschulleitung

Als Führungsgremium der Hochschule trägt die Hochschulleitung die Verantwortung für das Hochschulmanagement. Im Gegensatz zum Topmanagement in Unternehmen befindet sich die Hochschulleitung jedoch in einem gänzlich anderen institutionellen Umfeld. Zunächst vereinigen sich in der Hochschulleitung selbst unterschiedliche Statusgruppen. Der Präsident und die Vizepräsidenten gehören dem Wissenschaftsbereich der Hochschule an, während der Kanzler als Verwaltungsspitze ein Jurist mit Verwaltungserfahrung ist. Die Hochschulleitung kann keineswegs autonom agieren, sondern befindet sich in einem Spannungsverhältnis zwischen staatlichen Vorgaben des Wissenschaftsministeriums des Landes und der akademischen Selbstverwaltungsorgane der Hochschule. Die Handlungsmacht im Sinne eines durchsetzungsfähigen Hochschulmanagement beruht weitgehend in den ungeschriebenen Qualitäten einer „Academic Leadership", die eine Balance zwischen externer und interner Interessensvermittlung erfordert (vgl. Daxner 2000, S. 63).

Aufmerksamkeit und personelle Ressourcen der meisten Hochschulleitungen sind gegenwärtig auf Fragen der Hochschulentwicklung gerichtet, welche staatlicherseits als Anforderungen im Rahmen der Hochschulreformdebatte an die Hochschulen herangetragen werden. (Stichworte: neue Leitungsstrukturen, Einführung betriebswirtschaftlicher Elemente in das Hochschulmanagement, Globalhaushalt, Profilbildungen, Ziel- und Leistungsvereinbarungen mit den Ministerien).

Angesichts dessen ist es nicht verwunderlich, dass die Thematik Umweltmanagementsystem an Hochschulen noch keine allzu hohe Priorität genießt. An der Universität Lüneburg ist es dagegen gelungen, den Arbeitskreis Umwelt unter dem Vorsitz des Kanzlers als Verantwortlichen für das UMS als einen von vier Projektgruppen zur Hochschulentwicklung zu etablieren.

Die nach der EG-Öko-Audit-Verordnung erforderliche Verabschiedung der Umweltpolitik stellt die Hochschulleitung in etwa vor die Problematik wie andere Leitbilder, wie sie im Rahmen der gegenwärtigen Profilbildungsprozesse anstehen. Ihre Wirkung als Managementinstrument zur Verpflichtung aller Hochschulmitglieder auf die inhaltlichen Vorgaben des jeweiligen Leitbildes ist eher als problematisch einzustufen (vgl. Hanft 2000b). Man kann auf sie verweisen, aber um handlungsleitende Qualität an der Hochschule zu bekommen, bedürfen sie der Anbindung in den konkreten Praxiskontext und müssen sich stets gegen andere handlungsleitende Interessen bewähren und durchsetzen.

### Die Studierenden

Die Studierenden sind die mit Abstand zahlenmäßig größte Statusgruppe an der Universität. Sie bilden eine heterogene Gruppe, ihre handlungsleitenden Motive sind vielfältig. Ein Teil sieht in der Hochschule eher einen Ausbildungsbetrieb, dessen Aufgabe in der Serviceleistung eines schnellen und qualitativ anerkannten Studiums besteht. Ein anderer Teil versteht die Hochschule darüber hinaus als einen Bestandteil einer mehrere Jahre währenden Lebensphase, der auf vielfältige Weise als Ort der eigenen Persönlichkeitsentwicklung wahrgenommen wird. Dementsprechend verschieden sind auch Identifikation und Verantwortungsgefühl für die Organisation Hochschule ausgeprägt. Ebenfalls variieren die Möglichkeiten der Beteiligung an hochschulbezogenen Aktivitäten im Verlauf des Studiums. Am Studienbeginn steht die Orientierung und Gewöhnung an den Studienort und die Studienbedingungen im Vordergrund, während gegen Ende des Studiums die Anforderungen des Examensabschluss vordringlich sind. Die Bereitschaft sich hochschulinternen Belangen zu widmen, dürfte im mittleren Studienabschnitt am größten sein.

Im Kreis der Studierenden findet sich eine mehr oder weniger große Gruppe, die sich im Bereich der studentischen Selbstverwaltung oder anderen freiwilligen Initiativen über das Studium hinaus engagiert. Doch welche Möglichkeiten gibt es, das kreative und engagierte Potential der Studierenden mit dem Umweltmanagement an der Hochschule zu verbinden? Abgesehen von den glücklichen Fällen der freiwilligen Mitarbeit durch eine hohe intrinsische Motivation, kann dies nur über zusätzliche Anreize gelingen. Dazu gehört vor allem die Integration entsprechender Angebote in die Lehre, inklusive die Möglichkeit des Scheinerwerbs oder Leistungsnachweises durch die Mitarbeit am UMS. Dies kann etwa durch speziell ausgerichtete Seminare geschehen. (Vgl. Bastenhorst/Viere in diesem Band).

Dies verlangt allerdings eine enge und rechtzeitige Abstimmung zwischen Umweltmanagementverantwortlichen und Lehrenden, damit die von den Studierenden entwickelten Konzepte nicht ins Leere laufen oder zeitlich überholt werden. Wenn die praktische Relevanz der Seminarergebnisse gewährleistet wird, kann dies zu einem qualitativ hochwertigen Beitrag der Studierenden zum Umweltmanagementsystem führen.

## Institutionalisierung des UMS als Beitrag zur Organisationsentwicklung

Der oben angesprochenen weite Institutionenbegriff der Sozialwissenschaften findet seine Entsprechung in einem weiteren Verständnis von Institutionalisierung. Unter Institutionalisierung ist in diesem Sinne der Prozess des Durchdringens einer Leitidee oder Werthaltung in die Organisation hinein gemeint, die im Laufe der Zeit für die Organisationsmitglieder handlungsleitend wird und zunehmende Verbindlichkeit erhält. Der Prozess der Institutionalisierung macht aus einer Leitidee „*Handlungsmaximen mit Anspruch auf Gültigkeit gegenüber ganz verschiedenen Menschen mit je eigenen Motiven und Interessen.*" (Lepsius 1997, S. 58). Die Einführung eines Umweltmanagementsystems kann in diesem Fall als ein Weg interpretiert werden, die Leitidee „umweltverträgliche Entwicklung der Hochschule" zum integralen Element des Organisationshandelns zu entwickeln: „*Institutionalisierung meint in Bezug auf Organisationen die subjektive Sicherheit, dass ein bestimmtes Element, sei es EDV, sei es Buchführung oder Investitionsrechnung, zu bestimmten Organisationen gehört. Institutionalisierung meint auch, dass diese Elemente von den Akteuren nicht mehr hinterfragt werden. Sie werden als gegeben und richtig betrachtet.*" (Walgenbach 1995, S. 271) In längerfristiger Perspektive wäre zu wünschen, dass die Bestandteile des Umweltmanagementsystems einen ebenso selbstverständlichen Stellenwert erlangen.

Wie stark nun der Institutionalisierungsgrad des UMS wird, hängt von dessen Stellung im gesamten Institutionengefüge der Hochschule ab. Wie gesehen, existieren an der Organisation Hochschule eine Vielzahl von anderen handlungsleitenden Motivlagen, die ihrerseits Geltung beanspruchen. Diese Motivlagen strukturieren vor allem den Kernbereich von Forschung und Lehre. Inwieweit Belange des UMS dort Berücksichtigung finden und können, ist abhängig von den genannten Anreizstrukturen. Es ist jedoch davon auszugehen, dass der Institutionalisierungsgrad des UMS dann erheblich steigen kann, wenn er auch in die vielfältigen Handlungssituationen von Forschung und Lehre Eingang findet und sich die Orientierungskraft der Leitidee umweltverträglichen Handelns auch in diesen Kontexten Geltung verschaffen kann. Damit wird klar, dass die Verankerung des Umweltmanagements über die formalen Institutionalisierungsfragen der Aufbau- und Ablauforganisation hinausreicht: „*Der organisatorische Rahmen eines Entscheidungsträgers ist mehr als das bloße Konglomerat formaler Regeln. Verhalten in (arbeitsteiligen) Organisationen vollzieht sich vor allem auch in der Interaktion mit anderen Organisationsmitgliedern:*

*deren Interpretationen, Anwendung und ggf. Durchsetzung der Regeln und informellen Verhalten.*" (Antes 1996, S. 98).

Der erweiterte Institutionalisierungsbegriff verweist auf die potentielle Bedeutung, die das Umweltmanagementsystem für die „Organisationsentwicklung" der Hochschule einnehmen könnte. Nach Kirchgeorg/Meffert (1998, S. 395 ff.) umfasst die Organisationsentwicklung eine planmäßige, mittel- bis langfristig wirksame Veränderung der Verhaltensmuster, Einstellungen und Fähigkeiten der Organisationsmitglieder. Dies schließt die Veränderung der Organisations- und Kommunikationsstrukturen sowie struktureller Regelungen im weitesten Sinne mit ein. In dieser Absicht steht auch der Vorschlag von Gottschick/Grothe-Senf (2000), die umweltgerechtes Verhalten an der Hochschule durch die Formulierung eines „magischen Organisationsvierecks" (Können, Wollen, Dürfen und Müssen) untersuchen. Während das „Können" die Fähigkeiten und Qualifikationen der Hochschulmitglieder betrifft, ist das „Wollen" umweltgerechten Handelns von der Bereitschaft und Motivation abhängig, die allerdings erst durch das Vorhandensein entsprechender Regelungen in der Organisation Hochschule, das „Dürfen", zu einer praktischen Umsetzung führt. Das „Dürfen" besteht seinerseits aus den offiziellen Regeln, das inoffizielle „Dürfen" besteht aus den geheimen, also informellen Regeln in der Organisation. Durch entsprechende formale Regelungen kann letztlich das „Dürfen" in ein „Müssen" überführt werden, dass für alle Organisationsmitglieder verbindlich wird. Vor diesem Hintergrund wird leicht verständlich, dass die Institutionalisierung eines UMS eine zentrale Rolle bei der Durchsetzung umweltgerechten Handelns an der Hochschule erhält, da das UMS an allen Ecken dieses „magischen Organisationsvierecks" ansetzt.

## Fazit

Die Einführung eines UMS nach der EG-Öko-Audit-Verordnung ist ein wichtiger Ausgangspunkt für die Institutionalisierung umweltverträglichen Handelns an der Hochschule. Dabei steht die Validierung nicht als Endpunkt, sondern als Beginn eines langfristigen Institutionalisierungsprozesses.

Auch wenn zunächst Probleme bei der Institutionalisierung der Kernaufgaben des Umweltmanagements zu bewältigen sind, ist ein wichtiger institutioneller Grundstein für spätere Erfolge gelegt. Dies hängt mit der Erwartung zusammen, dass sich erst nach einiger Zeit die durch die Institutionalisierung entwickelten Regeln handlungsleitend werden und dann mittel- bis langfristig zum tragen kommen.

Wichtiger als die schnelle Umsetzung der im Umweltprogramm formulierten Umweltziele ist die institutionelle Verankerung des UMS in der Großorganisation Hochschule. Dies braucht mitunter Zeit, Geduld und Überzeugungsarbeit. Schwierigkeiten bei der Umsetzung sind leichter zu verstehen, wenn man sich vergegenwärtigt, dass Umweltmanagement nicht sofortigen Erfolg zeitigen muss bzw. kann.

Maßnahmen für das Umweltmanagement sind so zugestalten, dass sie den Anreizmotiven und Verhaltensmöglichkeiten der Hochschulmitglieder entgegenkommen. Verhaltensänderungen erfolgen schrittweise und bedürfen der Gewöhnung bis sie selbstverständlicher Bestandteil der täglichen Routinen werden. Verhaltensänderungen sind nur bedingt plan- und steuerbar. Dies gilt insbesondere angesichts der Eigenarten der Organisation Hochschule, den Kulturen und Arbeitsweisen der diversen Statusgruppen. Dazu kann die Analyse des geltenden Statusgruppengefüges und der geltenden handlungsleitenden Regeln Aufschluss über die Rahmenbedingungen für deren aktive Mitarbeit geben, und damit die Chancen für die Umsetzung der Umweltmanagementmaßnahmen erhöhen.

Aus institutionalistischer Sicht entfaltet das UMS seine Wirkung erst, nachdem ein längerer Zeitraum der Institutionalisierung von Verfahren und Routinen gegriffen hat. Erst dann ist zu erwarten, dass die formalen Elemente des UMS zu „Manifestationen von Regeln und

Erwartungen" werden, die für die Hochschulmitglieder „einen verbindlichen Charakter" (Walgenbach, S. 270) erhalten. Erst das Zusammenspiel der verschiedenen Institutionalisierungsprozesse auf den formalen und informellen Ebenen wird langfristig dazu führen, die Leitidee der umweltverträgliche Entwicklung von und an Hochschulen effektiv voranzubringen.

Die Erfolgsaussichten für ein effektives Umweltmanagement steigen, wenn man den Prozess der Institutionalisierung eines Umweltmanagementsystems im weiteren Sinne als Beitrag zur Organisationsentwicklung an der Hochschule einordnet.

## Literatur

Antes, Rolf (1996): Präventiver Umweltschutz und seine Organisation in Unternehmen. Gabler, Wiesbaden

Bastenhorst, Kai-Olaf/Gilch, Harald/Müller, Joachim/Schaltegger, Stefan (2000): Umweltmanagement als Grundlage für die nachhaltige Hochschule. In: Michelsen, Gerd (Hrsg.) Sustainable University – Auf dem Weg zu einem universitären Agendaprozess. VAS, Frankfurt am Main. S. 40–68

Daxner, Michael (2000): Akademische Leitungsqualität – Führung an Hochschulen. In: Hanft, Anke (Hrsg.) Hochschulen managen?: Zur Reformierbarkeit der Hochschulen nach Managementprinzipien. Luchterhand, Neuwied/Kriftel. S. 59–69

EG-Öko-Audit Verordnung (1993): Verordnung (EWG) Nr. 1836/93 des Rates vom 29. Juni 1993 über die freiwillige Beteiligung gewerblicher Unternehmen an einem Gemeinschaftssystem für das Umweltmanagement und die Umweltbetriebsprüfung, Europäische Gemeinschaften, Amtsblatt der Europäischen Gemeinschaften, Nr. L 168, 10. Juli 1993

Gottschick, Manuel/Grothe-Senf, Anja (2000): Am magischen Viereck ansetzen. Motivation zum Umwelthandeln vor dem Hintergrund der Organisation Hochschule. In: Ökologisches Wirtschaften 3-4/2000 Spezial „Greening the Universities", S. 8–9

Hanft, Anke (Hrsg.) (2000): Hochschulen managen?: Zur Reformierbarkeit der Hochschulen nach Managementprinzipien. Luchterhand, Neuwied/Kriftel

Hanft, Anke (2000 a): Sind Hochschulen reform(un)fähig? – Eine organisationstheoretische Analyse. In: Hanft, Anke (Hrsg.) Hochschulen managen?: Zur Reformierbarkeit der Hochschulen nach Managementprinzipien. Luchterhand, Neuwied/Kriftel. S. 3–24

Hanft, Anke (2000 b): Leitbilder an Hochschulen – symbolisches oder strategisches Management? In: Hanft, Anke (Hrsg.) Hochschulen managen?: Zur Reformierbarkeit der Hochschulen nach Managementprinzipien. Luchterhand, Neuwied/Kriftel. S. 121–133

Kolbeck, Felix (1997): Entwicklung eines integrierten Umweltmanagementsystems – Konzeption, Empirie und Ausgestaltung. Hampp, München und Mering

Laxhuber, Dorothee/Kelnhofer, Evelyn/Schlemminger, Horst (1998): Maßgeschneiderte Umweltmanagementsysteme. C.F. Müller, Heidelberg

Leal Filho, Walter (Hrsg.) (1998): Umweltschutz und Nachhaltigkeit an Hochschulen : Konzepte, Umsetzung. Peter Lang, Frankfurt am Main u.a.

Lepsius, Rainer (1997): Institutionalisierung und Deinstitutionalisierung von Rationalitätskriterien. In: Göhler, Gerhard (Hrsg.) Institutionenwandel. Westdeutscher Verlag, Opladen. S. 57–69

Meffert, Heribert/Kirchgeorg, Manfred (1998): Marktorientiertes Umweltmanagement: Konzeption – Strategien – Implementierung von Praxisfällen. Schäffer Poeschel, Stuttgart, 3. Aufl.

Müller-Böling, Detlef (2000): Die entfesselte Hochschule. Verlag Bertelsmann Stiftung, Gütersloh

Pellert, Ada (2000): Expertenorganisationen reformieren. In: Hanft, Anke (Hrsg.) Hochschulen managen? Zur Reformierbarkeit der

Hochschulen nach Managementprinzipien. Luchterhand, Neuwied/Kriftel. S. 39–55

Rehberg, Karl-Siegbert (1994): Institutionen als symbolische Ordnungen. Leitfragen und Grundkategorien zur Theorie und Analyse institutioneller Mechanismen. In: Göhler, Gerhard (Hrsg.) Die Eigenart der Institutionen. Nomos, Baden-Baden. S. 47–84

Schaltegger, Stefan/Sturm, Andreas (1995): Öko-Effizienz durch Öko-Controlling. Schäffer-Poeschel, Stuttgart

Tscheulin, Jochen/Feindt, Peter Henning/Meister, Hans Peter/Minsch, Jürg/Schneidewind, Uwe (1998): Institutionelle Reformen für Suchprozesse in Richtung Nachhaltigkeit. In: Renner, Andreas/Hinterberger, Friedrich (Hrsg.) Zukunftsfähigkeit und Neoliberalismus: Zur Vereinbarkeit von Umweltschutz und Wettbewerbswirtschaft. Nomos, Baden-Baden. S. 381–395

UAG (1995): Gesetz zur Ausführung der Verordnung (EWG) Nr. 1836/93 des Rates vom 29. Juni 1993 über die freiwillige Beteiligung gewerblicher Unternehmen an einem Gemeinschaftssystem für das Umweltmanagement und die Umweltbetriebsprüfung (Umweltauditgesetz – UAG), Bundesgesetzblatt I S. 1591, vom 7. Dezember 1995

UAG-ErwV (1998): Verordnung nach dem Umweltauditgesetz über die Erweiterung des Gemeinschaftssystems für das Umweltmanagement und die Umweltbetriebsprüfung auf weitere Bereiche (UAG-ErwV – UAG-Erweiterungsverordnung), Bundesgesetzblatt I, S. 338, vom 3. Februar 1998

Viebahn, Peter/Matthies, Michael (Hrsg.) (1999): Umweltmanagement an Hochschulen: Konzepte, Strategien, Lösungen. Projekt Verlag, Bochum

Viebahn, Peter/Matthies, Michael (2000): Ökobilanzierung und Umweltmanagement an Hochschulen: Konzept und Umsetzung an der Universität Osnabrück. Projekt Verlag, Bochum

Walgenbach, Peter (1995): Institutionalistische Ansätze in der Organisationstheorie. In: Kieser, Alfred (Hrsg.) Organisationstheorien. Kohlhammer, 2. überarbeitete Auflage, Stuttgart. S. 269–301

Wruk, Hans-Peter (2000): Normenorientiertes Umweltmanagement – EMAS als Instrument der Umweltpolitik. In: Brandt, Edmund/Schaltegger, Stefan (Hrsg.): Studium der Umweltwissenschaften: Wirtschaftswissenschaften. Springer, Berlin. S. 135–148

Kai-Olaf Bastenhorst, Tobias Viere

# Der Beitrag von Studierenden zum Umweltmanagement an der Universität Lüneburg

*Tell them – and they will forget*
*Demonstrate – and they will remember*
*Involve them – and they will understand*

(Leitwort der Zweiten Europäischen Konferenz
zukunftsbeständiger Städte und Gemeinden
in Lissabon 1996)

## Einleitung

An der Universität Lüneburg beschäftigen sich viele Studierende schon seit langem mit dem Thema Umwelt. Studentische Gruppen wie das Ökologie-Referat des AStA oder die Grün-Alternative Hochschulgruppe, um zwei der aktivsten zu nennen, tragen Umweltbelange immer wieder an die studentische Öffentlichkeit heran. Durch das Agenda21-Projekt an der Universität Lüneburg hat sich das studentische Engagement noch verstärkt. Im Rahmen dieses Projektes arbeiten Studierende aller Fachrichtungen in so unterschiedlichen Projekten wie „Kunst und Nachhaltigkeit" in den Kulturwissenschaften oder der „Installation regenerativer Energieanlagen" im naturwissenschaftlichen Bereich.

Auch das Seminar „Angewandtes Umweltmanagement" ist insofern ein Forum der studentischen Agenda-Aktivitäten, weil hierin das Agenda-Teilprojekt „Einführung eines Umweltmanagementsystems an der Universität Lüneburg" mit der Lehre im Fachbereich Umweltwissenschaften für die Studierenden verknüpft ist.

Gemeinsam haben alle diese Projekte die Idee, Theorie und Praxis zu verbinden. Dieses „Learning by doing" lässt sich auch aus der Grund-

Der Beitrag von Studierenden ——————————— 81

ordnung der Universität ableiten, wo als Aufgabe der Universität die Förderung des Umweltschutzes in Theorie und Praxis genannt wird.

Das hier dargestellte Seminar „Angewandtes Umweltmanagement" hatte die einmalige Gelegenheit, am zeitgleich stattfindenden Prozess des Aufbaus eines Umweltmanagementsystems für die Universität und der anschließenden Validierung nach der EG-Öko-Audit-Verordnung (EMAS 1836/93) teilzunehmen, mitzuwirken und von den praktischen Erfahrungen zu profitieren.

## Das Seminar „Angewandtes Umweltmanagement"

Das Seminar „Angewandtes Umweltmanagement" fand im WS 1999/2000 und im Sommersemester 2000 als Hauptstudiumsveranstaltung im Schwerpunktbereich Umweltmanagement der Studiengänge Betriebswirtschaftslehre und Umweltwissenschaften statt. Das Seminar war von vornherein so konzipiert worden, dass die Seminarthemen die laufenden Aktivitäten in der Vorbereitungsphase zur Validierung der Universität nach der EG-Öko-Audit-Verordnung/EMAS berücksichtigten. Dazu fanden entsprechende Gespräche zwischen dem Lehrstuhl Betriebswirtschaftslehre insb. Umweltmanagement, der mit den Validierungsvorbereitungen beauftragten HIS GmbH (Hochschul-Informations-System GmbH Hannover) und der Gesamtprojektkoordination „Agenda21 Universität Lüneburg" statt.

Die TeilnehmerInnen des Seminars sollten sich in Projektarbeit mit einzelnen Aspekten des Umweltmanagements an der Universität Lüneburg theoretisch und praktisch beschäftigen. Dazu teilten sich die ca. 30 teilnehmenden StudentInnen in mehrere Arbeitsgruppen auf, die zwischen drei und sechs Teilnehmer umfassten.

Die Themen der Arbeitsgruppen befassten sich sowohl mit theoretischen Konzepten als auch mit den praktischen Themen. Die Idee dahinter bestand darin, dass sich die Arbeitsgruppen im Verlaufe des

Seminars gegenseitig austauschen, um praktische Probleme und theoretische Konzepte miteinander zu vergleichen.

An die Arbeitsgruppen waren hohe Anforderungen an die Selbstorganisation gestellt. Sie mussten sich häufig außerhalb der Seminarszeiten treffen, selbständig Kontakt mit den zuständigen Stellen in der Verwaltung der Universität aufnehmen, Informationen einholen und ihren eigenen Projektfahrplan organisieren.

Vierzehntägig fanden Treffen des gesamten Seminars statt, in denen die einzelnen Gruppen von ihren Arbeitsfortschritten berichteten und in denen über den neuesten Stand der Einführung des Umweltmanagementsystems durch die HIS GmbH informiert wurde. Die Kooperation mit dem HIS-Projektteam erwies sich für beide Seiten als fruchtbar, da die SeminarteilnehmerInnen vom Praxiswissen des HIS-Projektteams, und das HIS-Projektteam von der Mithilfe der Studierenden, beispielsweise bei der Datenerhebung, profitieren konnten.

Konzeptionell ist ein solches Seminar wohl eher selten an Hochschulen anzutreffen. Häufig erleben Studierende nach Abschluss ihres Studiums einen Praxisschock. Die an Hochschulen vermittelte notwendige Theorie ist das eine, die Umsetzung in der Praxis aber etwas völlig anderes. Diese Problematik wollte das Seminar aufgreifen, in dem es den Studierenden die Möglichkeit gab, die Theorie am Praxisfall Hochschule umzusetzen. So war es auch nicht sehr verwunderlich, dass vor allem in der Praxis Probleme auftauchten, mit denen die Studierenden so nicht gerechnet hatten. Es gab z.B. datenschutzrechtliche Probleme, nicht geklärte Zuständigkeiten für bestimmte Aufgaben oder nicht auffindbare Ansprechpartner. Ebenfalls galt es thematische Überschneidungen mit den parallel laufenden Verwaltungsaktivitäten hinsichtlich der Hochschulentwicklungsvorhaben zu berücksichtigen.

Damit richtig umgehen zu lernen, war ein didaktisches Ziel des Seminars. Der Kontakt zur Verwaltung der Universität, zu verschiedenen Ansprechpartnern in Forschung und Lehre und zu Privatunternehmen, sowie die selbstorganisierte Arbeit in der Gruppe förderte Schlüsselqualifikationen wie die Kommunikationsfähigkeit und das ergebnisorientierte Zusammenarbeiten in Teams. Die praktische Arbeit im Rahmen des Seminars hat sicherlich auch dazu beigetragen, die theoretischen Konzepte zur Durchführung des betrieblichen Umweltschutzes mit einer notwendigen kritischen Haltung zu betrachten.

Das Seminar endete mit den Abschlussberichten der einzelnen Arbeitsgruppen und wird mit anderen Studierenden im Wintersemester 2000/01 und aktuellen Themen fortgesetzt.

## Überblick über die Aktivitäten der Arbeitsgruppen

Die Arbeitsgruppen bestanden aus zwei bis sechs Studierenden und organisierten sich weitgehend selbstständig, sprachen ihr Vorgehen aber mit dem Seminarleiter ab. Im Laufe der Zeit gab es auch thematische Neuorientierungen bis hin zu Umgruppierungen einiger Arbeitsgruppen, da die ursprüngliche Planung der dynamischen Entwicklung der Validierungsvorbereitungen angepasst werden musste.

### Arbeitsgruppe Abfall

Die AG Abfall hatte sich zum Ziel gesetzt, ein Abfallkonzept für die Universität zu entwickeln, das sowohl ökologische als auch ökonomische Vorteile verwirklicht. Um dieses Ziel zu erreichen, sollten Mängel in der Abfallentsorgungskette aufgedeckt, das Abfallaufkommen insgesamt reduziert, sowie die Trennung und Entsorgung von Abfall optimiert werden.

Um genauere Angaben über die Abfallsituation zu erhalten, haben die TeilnehmerInnen der Arbeitsgruppe Abfall wöchentlich die Mülltonnen auf dem Campus auf Inhalt und Abfallmenge untersucht. Obwohl die Universität Mülltrennung betreibt, zeigte sich, dass sich in den meisten Tonnen Abfälle befanden, die eigentlich getrennt gesammelt werden sollten. Einige Tonnen wiesen beispielsweise über 50 % Papierabfälle auf. Zusätzlich führte die Arbeitsgruppe Gespräche mit den MitarbeiterInnen der Reinigungsdienste.

Als Resultat ihrer Untersuchungen fokussierte die Arbeitsgruppe ihre Aktivitäten vor allem auf die korrekte Entsorgung von Altpapier. Hierzu wurden alle Büros der Universität mit Altpapiereimern und einem Informationsblatt ausgestattet. Auf den Fluren und neben den Kopierern wurden Altpapiersammelboxen aufgestellt und Informationsplakate aufgehängt.

Des weiteren wurden zahlreiche Vorschläge für die Optimierung der Abfalltrennung und für die Reduzierung des Abfallaufkommens erarbeitet. Beispiele hierfür sind das Aufstellen von „gelben Tonnen" für Abfälle des Dualen Systems Deutschlands, bessere Kennzeichnung der Biomülltonnen zur Vermeidung von Verunreinigungen durch anderen Abfall oder auch die Substitution von Hygienepapierhandtüchern durch Stoffhandtuchautomaten im Sanitätsbereich der Universität.

### Arbeitsgruppe Beschaffung

Die Arbeitsgruppe Beschaffung beschäftigte sich mit der Frage, wie die Beschaffung von Papier und Büroartikeln umweltverträglicher gestaltet werden kann. Die Erkenntnisse der Arbeitsgruppe sollten dann in einem Leitfaden zur umweltverträglichen Beschaffung für die Universität dargestellt werden.

Erste Befragungen der Verwaltung ergaben, dass lediglich Papier zentral eingekauft wird, während alle anderen Büroartikel von einer Vielzahl von Stellen in den Instituten und Dezernaten beschafft werden. Erschwerend kam hinzu, dass es bis dahin keine Erfassung des Verbrauchs von Papier und Büroartikeln gab.

Mit Hilfe aufwendiger Recherchen in der Buchhaltung konnte die Arbeitsgruppe den Papierverbrauch der Uni für das Jahr 1999 ermitteln. Die erhobenen Daten wurden wie folgt in der Umwelterklärung der Universität dargestellt:

Die Bilanzierung des Papierverbrauchs über die Monate November 1998 bis Dezember 1999 ergab für die Universität Lüneburg einen Gesamtverbrauch an Papier von über 13,5 Millionen Blatt Papier umgerechnet auf DIN A4 Format. Dies entspricht ca. 68 Tonnen Gewicht, aufeinandergelegt ergäben diese Blätter einen Turm von knapp 1500 Meter Höhe. Von dieser Gesamtmenge werden 69 % von der Verwaltung und den Fachbereichen verbraucht, weitere 21 % an den Kopiergeräten und im AstA-Copy-Shop, und etwa 10 % für die Vorlesungsverzeichnisse verwendet.

Um die Umwelteinwirkungen, die mit der Herstellung dieses Papiers verbunden sind, abzuschätzen, muss nach weißem Primärfaser-Papier und Recycling-Papier unterschieden werden. Insgesamt setzt die Universität zu ca. 47 % Recycling-Papier ein. Dieser Anteil ist jedoch mit 25 % in Verwaltung und Fachbereichen, 93 % im AstA-Copy-Shop und 100 % bei der Erstellung der Vorlesungsverzeichnisse unterschiedlich hoch. Indirekt verursachte der Papierverbrauch an der Universität im Jahre 1999 einen Frischwasserverbrauch von 3445 Kubikmeter, einen Energieverbrauch von etwa 422 Megawattstunden und eine Verschmutzung von Abwasser durch einen chemischen Sauerstoffbedarf von 1833 Kilogramm.

Neben den unbestrittenen ökologischen Vorteilen ergäbe sich auch eine finanzielle Einsparung von über 5000 DM, falls die Universität Lüneburg 1999 das gesamte Primärfaser-Papier durch Recycling-Papier ersetzt hätte.

Eine Verbrauchserfassung von Büroartikeln durch Recherchen in der Buchhaltung war der Arbeitsgruppe nicht möglich. Stattdessen versuchten sie den Verbrauch anhand der Inventarisierung zweier Musterbüros zu ermitteln, was eine ungefähre Abschätzung der am häufigsten eingesetzten Artikel ermöglichte. Die Ergebnisse dieser Inventarisierung wurden anhand einer Kriterienliste für umweltverträgliche Büroartikel überprüft. Insbesondere in Bezug auf die Recyclingfähigkeit, die Nachfüllbarkeit, die Schadstoffarmut und die Materialzusammensetzung der Artikel ergab sich ein hohes ökologisches Verbesserungspotential. Ein Preisvergleich zwischen den bisher genutzten und den umweltverträglicheren Büroartikeln ergab nur geringe Mehrkosten zu Lasten der umweltverträglicheren Büroartikel, welche aber durch die längere Lebensdauer der Artikel kompensiert werden.

Im Vorfeld der Erstellung eines Leitfadens zur umweltfreundlichen Beschaffung wurden die meisten der für Beschaffung Zuständigen persönlich befragt. Da sich eine sehr große Mehrheit von der Idee eines Leitfadens begeistert zeigte, soll dieser entwickelt werden. Er soll Informationen und Hinweise enthalten, worauf bei der Beschaffung von Büroartikeln und Papier geachtet werden kann, um die Umwelt zu schonen.

### Arbeitsgruppe Energie und Wasser

Die Arbeitsgruppe Energie und Wasser hat sich mit der gebäudespezifischen Erfassung und Bilanzierung des Energie- und Wasserverbrauchs mit dem Ziel der Ermittlung von Kennzahlen zur Aufdeckung von Optimierungspotentialen an der Universität beschäftigt.

Zur Erfassung des Energie- und Wasserverbrauchs musste die Arbeitsgruppe in regelmäßigen Abständen Zählerablesungen in allen Gebäuden der Universität vornehmen, da sich die Erfassung aller Verbrauchsdaten über ein zentrales Netzwerk der Gebäudeleittechnik noch im Aufbau befand. Außerdem wurden die Einspeisungsdaten des Energie- und Wasserversorgers der Uni eingeholt und Fläche und Nutzung der einzelnen Gebäude auf dem Campus ermittelt. Die Vielzahl der recherchierten Daten erlaubte den Vergleich einzelner Gebäude miteinander und ist somit Grundlage für ein Energie-Benchmarking, das beispielsweise Einsparpotenziale durch Baumaßnahmen aufzeigen kann. Die Einspeisungsdaten des Energie- und Wasserversorgers ermöglichte die Ermittlung von Verbrauchsgrundlasten an der Universität und zeigte klimatische Einflüsse sowie den Unterschied zwischen Vorlesungszeit und vorlesungsfreier Zeit auf.

Mit Hilfe der ermittelten und aufbereiteten Daten hat die Arbeitsgruppe Energie und Wasser hochschulspezifische Verbrauchskennzahlen gebildet, welche die Verbrauchsentwicklung von Energie und Wasser auf dem Campus von 1996 bis 1999 aufzeigen. Dabei wurden die Daten für die Jahre 1998 und 1999 in die Umwelterklärung übernommen, da diese regelmäßig monatlich erhoben werden konnten. Für die elektrische Energie ergab sich z. B. ein Verbrauch von 1367 Megawattstunden in 1998 und 1486 Megawattstunden in 1999. Die Verbrauchssteigerung ist allerdings überwiegend darauf zurückzuführen, dass im Zuge des Ausbaus des Campusgeländes ständig weitere Einrichtungen der Universität den Betrieb aufgenommen haben.

Zur Bildung von Kennzahlen wurden die Flächen der Gebäude aufsummiert und in Bruttogrundfläche (BGF) pro Gebäude umgerechnet. Ein Vergleich der Kennzahlen 1998 mit dem Jahresbericht „Energie- und Gebäudemanagment des Landes Niedersachsnen 1999" für Verwaltungsgebäude zeigt, dass die Universität Lüneburg mit einem Stromverbrauch von 24 Kilowattstunden pro Quadratmeter BGF um fast 15 % unter dem Mittelwert der niedersächsischen Verwaltungsgebäude liegt. Dies erklärt sich wahrscheinlich durch die moderne Ausstattung der Universität (z. B. weitgehender Einsatz von Energiesparlampen). Aus dem Bericht geht jedoch auch hervor, dass fast die Hälfte der untersuchten Verwaltungsgebäude noch niedrigere Kennzahlen aufweisen. Die Ursachen dafür könnten der vergleichsweise hohe technische Ausstattungsgrad an der Universität sowie die Nutzung der Universitätsgebäude bis in die späten Abendstunden hinein sein. Diese Zahlen können aber einen Ansatzpunkt für das Auffinden von Einsparpotenzialen in den Universitätsgebäuden sein und können auch einen Benchmark-Vergleich von ähnlichen Gebäuden ermöglichen. Hierfür ist aber eine genauere Berücksichtigung der jeweiligen spezifischen Rahmenbedingungen (z. B. energetische Wirkung der Gebäudesubstanz und unterschiedliches Nutzerverhalten) erforderlich.

### Arbeitsgruppe Informationsmanagement

Zu einem guten Umweltmanagementsystem gehört auch ein funktionierendes Umweltinformationssystem. Die Arbeitsgruppe Informationsmanagement wollte die Grundlagen für ein solches Informationssystem an der Universität erarbeiten. Sehr schnell rückte dabei die Frage nach geeigneter Computersoftware in den Vordergrund, die dieses Informationssystem unterstützen sollte. Die Arbeitsgruppe versuchte hierzu einen Kriterienkatalog zu entwickeln, anhand dessen die Programme verschiedener Anbieter untersucht werden sollten. Dabei stieß die Arbeitsgruppe auf einige Probleme. So war beispielsweise lange Zeit nicht bekannt, welche Betriebssoftware die Universität im Rahmen der Umstellung auf einen Globalhaushalt anschaffen würde. Durch die intensive Beschäftigung mit den einzelnen Programmen der Anbieter von Umweltmanagementsoftware kristallisierten sich schließlich zwei Programme heraus, die für die Universität als besonders geeignet erschienen. Im August 2000 fand an der Universität ein Workshop statt, der eine Empfehlung für eines der beiden Umweltmanagementprogramme herbeiführen sollte. Die Vertreter der beiden Softwareunternehmen stellten ihre Programme vor. Daran anschließend fand eine Diskussion statt, an der auch Studenten und viele Vertreter der Universität teilnahmen.

### Arbeitsgruppe Motivation und Organisationales Lernen

Die Entwicklung und Verbesserung eines Umweltmanagementsystems hängt stark vom Interesse und der Mitarbeit der Universitätsangehörigen ab. Die Arbeitsgruppe Motivation und Organisationales Lernen

Der Beitrag von Studierenden ——————————— 89

hatte es sich deshalb zum Ziel gemacht, möglichst viele MitarbeiterInnen und Studierende der Universität über das Umweltmanagementsystem zu informieren und sie zu motivieren, aktiv daran teilzunehmen.

Gerade unter den Studierenden war oftmals nicht bekannt, dass es überhaupt ein Umweltmanagementsystem an der Universität gibt. Um dieses Informationsdefizit abzubauen und um Studierende zur Mitarbeit zu bewegen, organisierte die Arbeitsgruppe eine Informationsveranstaltung unter dem Motto „Die Uni managen". Die Veranstaltung wurde durch Plakate, Ankündigungen im Lokalradio, Mitteilungen in den universitätsinternen Publikationen, sowie durch Ansagen in den Vorlesungen umfangreich beworben. In der Veranstaltung am 26.1.2000 informierten Vertreter der HIS GmbH und TeilnehmerInnen des Seminars Angewandtes Umweltmanagement über das Umweltmanagement an der Universität, das anschließend Thema einer Diskussion mit den Zuhörern war.

Um die MitarbeiterInnen der Universität zu informieren und für die Mitarbeit am Umweltmanagementsystem zu motivieren, arbeitete die Arbeitsgruppe intensiv mit den Arbeitsgruppen Beschaffung und Abfall zusammen. Auch die Ausstattung der Büros und Flure mit Papiersammelbehältern wurde durch die Erstellung von Informationsblättern und -plakaten unterstützt.

### Arbeitsgruppe Verkehr

An der Universität Lüneburg beschäftigen sich verschiedene Personen und Gruppen bereits seit geraumer Zeit mit der Verkehrsproblematik. Zu nennen sind hier vor allem das Referat für Ökologie des AStA, die Grün-Alternative Hochschulgruppe und die Untersuchungen von Wissenschaftlern aus dem Bereich Wirtschafts- und Sozialgeografie des Fachbereichs Kulturwissenschaften. Die Arbeitsgruppe Verkehr hat diese bereits vorhandenen Informationen in ihre Arbeit mit einbezogen. Ziel der Arbeitsgruppe war es, die durch An- und Abfahrt der Universitätsangehörigen zum Campus entstehenden Umweltbelastungen zu reduzieren. Eine im Dezember 1999 durchgeführte Verkehrszählung zeigte die Notwendigkeit der Reduzierung des motorisierten Individualverkehrs deutlich auf. Die Zählung ermittelte die Häufigkeit der Nutzung verschiedener Verkehrsmittel auf dem Weg zur Universität, welche aus folgender Abbildung ersichtlich sind:

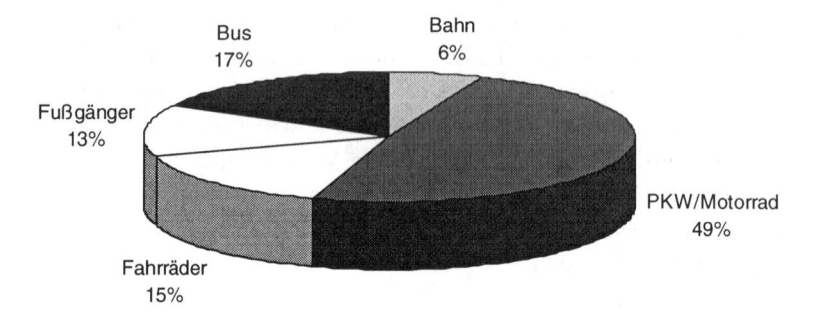

*Abb. 1: Erhebungsergebnisse einer Verkehrszählung am 14.12. 1999 (Quelle: Arbeitsgruppe Verkehr)*

Zur Reduzierung des Individualverkehrs untersuchte die Arbeitsgruppe verschiedene Konzepte, u.a. ein Parkraumbewirtschaftungskonzept. Da viele Studierende der Universität täglich zwischen Lüneburg und Hamburg pendeln, beschäftigte sich die Arbeitsgruppe schwerpunktmäßig mit der Ausweitung des Semestertickets für Studierende. Bisher galt dieses lediglich für den städtischen Linienbusverkehr. Um in Verhandlungen mit der Deutschen Bahn AG über die Aufnahme der Strecken Lüneburg-Uelzen und Lüneburg-Hamburg treten zu können, wurde zuerst eine detaillierte und großangelegte Umfrage im Februar 2000 zu Verkehrsverhalten und Semesterticket unter den Studierenden durchgeführt. Die Auswertung der mehr als 800 Befragten aller Fachbereiche und Semester ergab eine große Zustimmung zur Ausweitung des Semestertickets und auch die Bereitschaft, dafür einen höheren Semesterbeitrag zu bezahlen. Auf Grundlage dieser Umfrage und der Verkehrszählung nahm die Arbeitsgruppe Verkehr Kontakt mit der Deutschen Bahn AG für Verhandlungen für die Ausweitung des Semestertickets auf.

## Fazit und Ausblick

Das Seminar „Angewandtes Umweltmanagement" hat seinen TeilnehmerInnen einen detaillierten Einblick in die Durchführung, Struktur und auch in die Schwierigkeiten von Umweltmanagementsystemen ermöglicht. Die Mitwirkung an den praktischen Arbeiten bei den Validierungsvorbereitungen der Universität durch die Zusammenarbeit mit der HIS GmbH hat den Anwendungsbezug von Umweltmanagement verdeutlichen können. Das Zusammenspiel von Seminararbeit und den praktischen Anforderungen, wie etwa der Einhaltung des Terminfahrplans zur Validierung, verlangte von allen Beteiligten eine hohe Flexibilität. Für Dozenten und Studierende war das Seminar durch die Arbeit in Projektgruppen und den hohen Praxisanteil eine interessante Abwechslung zu „klassischen" Seminarformen.

In Zukunft wird sich das Seminar in neuer Besetzung weiterhin Fragen der Institutionalisierung und Erweiterung des validierten Umweltmanagementsystems widmen.

Peter Viebahn

# Das „Osnabrücker Umweltmanagement-Modell für Hochschulen" und seine Umsetzung an der Universität Osnabrück

## Entwicklung und Umsetzung des Umweltmanagement-Modells

### Ausgangssituation an der Universität Osnabrück

Die Universität Osnabrück bemüht sich schon seit vielen Jahren um einen umweltfreundlichen Betrieb der Hochschule. Insbesondere dem technischen Leiter und seinen Mitarbeiter/inne/n ist es zu verdanken, gegen alle Widerstände schon früh effiziente Maßnahmen zur Senkung des Energieverbrauchs durchgesetzt zu haben. Dadurch hat die Universität Osnabrück in Niedersachsen beispielsweise den niedrigsten Stromverbrauch aller Hochschulen, bezogen auf die Hauptnutzfläche. Erreicht wurde dies z. B. durch die frühzeitige Einführung der vor zehn Jahren noch nicht so verbreiteten Gebäudeleittechnik und die Errichtung eines Blockheizkraftwerkes oder durch vielerlei Einzelmaßnahmen wie die Erneuerung von Beleuchtungsanlagen, die Umrüstung von dauerbetriebenen Anlagen auf flexiblen Betrieb oder den Einbau effizienter Heizungsanlagen.

Neben der Umsetzung rein investiver Maßnahmen fehlten jedoch bisher ein umfassender Überblick über die Umweltauswirkungen der Universität, gezielte Mitarbeiterinformation, -motivation und Öffentlichkeitsarbeit und eine interdisziplinäre Herangehensweise anstatt der Lösung von Einzelproblemen.

Das Institut für Umweltsystemforschung der Universität Osnabrück führte daher zusammen mit der Verwaltung der Universität das Projekt „Stoff- und Energieflussanalyse einer Universität – Erstellung eines Umweltmanagementkonzepts für Hochschulen am Beispiel der Universität Osnabrück" durch. Das Ziel des Projektes war es, die Umweltbelastungen, die durch den Betrieb Hochschule entstehen, zu senken und zu einer „nachhaltigen" Universität zu gelangen. Im Gegensatz zu vereinzelten Umweltschutzmaßnahmen, die schon an vielen Hochschulen durchgeführt werden, sollte in diesem bundesweit einmaligen Modellvorhaben ein integratives, ressourcensparendes Gesamtkonzept mit einem aufeinander abgestimmten Maßnahmenpaket realisiert werden. Das Projekt wurde durch die Deutsche Bundesstiftung Umwelt, Osnabrück, gefördert und durch Eigenmittel der Universität verlängert.

## Das „Osnabrücker Umweltmanagement-Modell für Hochschulen"

Zentrales Ergebnis des Projekts ist das „Osnabrücker Umweltmanagement-Modell für Hochschulen", mit dem der Universität Osnabrück ein „Fahrplan" übergeben wird, nach dem sie ein Umweltmanagementsystem (UMS) an ihrer Hochschule aufbauen kann. Damit liegt erstmals für eine Hochschule ein Gesamtkonzept für ein UMS mit einem aufeinander abgestimmten Maßnahmenpaket vor.[1] Das Konzept setzt sich aus zehn verschiedenen Bausteinen zusammen, die in Abb. 1 dargestellt sind. Die Numerierung der einzelnen Bausteine stellt eine Empfehlung dar, in welcher Reihenfolge beim Aufbau eines Umweltmanagementsystems für Hochschulen vorgegangen werden sollte. Sie hängt jedoch auch davon ab, welche Voraussetzungen bei der

---

[1] Die Ergebnisse des Projektes sind ausführlich dargestellt in Viebahn & Matthies (2000). Weitere Veröffentlichungen und Teilergebnisse des Projektes können folgender Internetseite entnommen werden: http://www.usf.Uni-Osnabrueck.DE/projects/sue/

```
┌─────────────────────────────────────────────────────────────────┐
│           UM 1: Organisationsstruktur (funktional-integrativ)    │
│                                                                  │
│   1.1  Hochschulleitung          1.4  Fachbereiche / Organisationseinheiten │
│   1.2  Koordinator Umweltmanagement  1.5  Arbeitskreis Umweltschutz │
│   1.3  Dezernate                 1.6  Themenbezogene Arbeitskreise │
└─────────────────────────────────────────────────────────────────┘
```

**UM 4: Umweltprüfung (Ökobilanz)**

- 4.1 Zieldefinition
- 4.2 Teilbilanzen (E, V, W, Aw, M, Af, F)
- 4.3 Wirkungsbilanz
- 4.4 Auswertung

E = Energie   V = Verkehr    W = Wasser
Aw = Abwasser M = Materialien Af = Abfall
F = Flächen

**UM 2:** Umweltleitlinien (intern)

**UM 3:** Umweltrechtliche Vorgaben (extern)

**UM 5: Umweltziele** (für E, V, W, Aw, M, Af, F)

**UM 6: Umweltprogramm** (für E, V, W, Aw, M, Af, F)

**UM 7: Umweltbericht**

**UM 8:** Umweltinformationssystem *(als Teil des MIS)*

**UM 9:** Weiterbildung & Schulung

**UM 10:** Mitarbeiterbeteiligung & Öffentlichkeitsarbeit

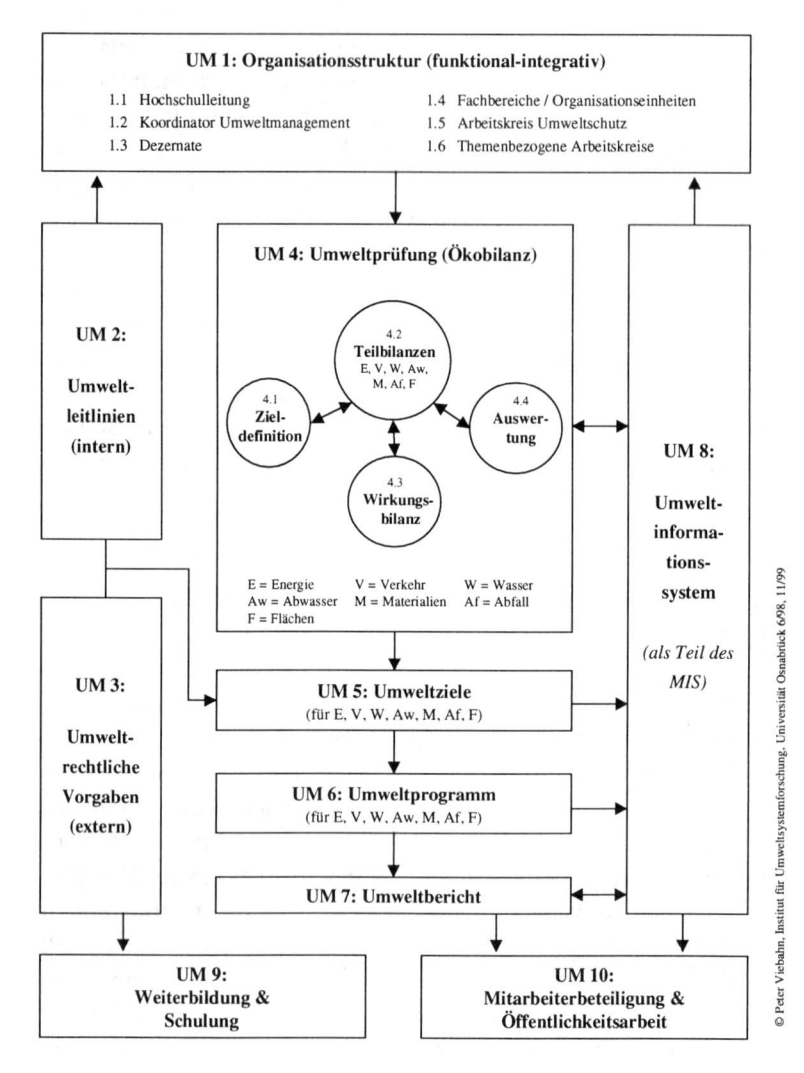

© Peter Viebahn, Institut für Umweltsystemforschung, Universität Osnabrück 6/98, 11/99

Zu den Bausteinen: **Umweltverfahrensanweisungen** mit Zielen, Aufgaben, Verantwortlichkeiten

*Abb.1: Bausteine des „Osnabrücker Umweltmanagement-Modells für Hochschulen"*

jeweiligen Hochschule vorliegen und welche Bereiche – vielleicht in einem anderen Zusammenhang – bereits bearbeitet wurden. Ebenso können natürlich weitere Elemente in den Ablauf eingeführt werden. Die „einrahmenden" Elemente UM 2 (Umweltleitlinien), UM 3 (Umweltvorschriften), UM 9 (Mitarbeiterbeteiligung/Öffentlichkeitsarbeit) und UM 10 (Weiterbildung/Schulung) können auch begleitend zu den restlichen Bausteinen bearbeitet werden. Die Vorgehensweise nach diesem Konzept ist insbesondere zu empfehlen, wenn ein Umweltmanagement nach der EG-Öko-Audit-Verordnung (EMAS-Verordnung) aufgebaut werden soll, da einige Bausteine nach dieser Verordnung verpflichtend sind. Zu den einzelnen Bausteinen gehören *Umweltverfahrensanweisungen* (UVAs), in denen klar definiert wird, wer für den Bereich verantwortlich ist, welche Ziele sich die Hochschule setzt und welche Aufgaben sich daraus für die Verantwortlichen ergeben. Die UVAs sollten daher die gleiche Numerierung wie die Bausteine bekommen.

Wie Abb. 1 zu entnehmen ist, existieren vielfältige Beziehungen zwischen den einzelnen Bausteinen. Insbesondere die Bausteine UM 2, UM 4, UM 5 und UM 6 stehen nicht in einem statischen Verhältnis, sondern beeinflussen sich gegenseitig. Aus der ersten Umweltprüfung werden zunächst Umweltziele und ein Umweltprogramm abgeleitet. Die Umsetzung des Umweltprogramms wird Veränderungen der Umweltsituation zur Folge haben, was sich in den Ergebnissen der nächsten Umweltprüfungen niederschlagen wird. Unter Umständen werden in späteren Jahren auch zusätzliche Aspekte in die Ökobilanzen aufgenommen. Nach jeder Umweltprüfung werden Ziele und Programm revidiert. Die Ergebnisse der beschriebenen Schritte sind – über das Umweltinformationssystem – Grundlage für ein Öko-Controlling der Hochschulleitung und der Organisationseinheiten im Rahmen des universitätsweiten Hochschul-Controllings. Sie dienen gleichzeitig als Basis für Maßnahmen zur Mitarbeiter/innen/beteiligung und Weiterbildung, die, ebenso wie die Umweltleitlinien und externen Umweltvorschriften die Handlungen der einzelnen Hochschulangehörigen beeinflussen. Diese haben wiederum Einfluss auf die Umweltsituation, was sich in den Ergebnissen der nächsten Umweltprüfung niederschlagen wird.

Im Gegensatz zu neueren Entwicklungen anderer Hochschulen, die nur einzelne Institute, Fachbereiche oder nur die Verwaltung betrachten und für diese Organisationseinheiten getrennte UMS aufbauen, bezieht sich das Osnabrücker Modell auf die Hochschule als Ganzes und stellt somit vom organisatorischen Blickwinkel einen top-down-Ansatz dar. Indem zunächst die Rahmenbedingungen für ein UMS geschaffen werden (Umweltleitlinien, Organisationsstrukturen, Umweltinformationssystem …), wird hochschulweit das Bewusstsein geschaffen, dass „die Universität" sich dem Anspruch einer umweltverträglichen Betriebsweise verpflichtet fühlt. Ebenso werden zunächst die Stoff- und Energieflüsse der gesamten Hochschule analysiert sowie den einzelnen Gebäuden zugeordnet. Je nach Relevanz der einzelnen Umweltbelastungen kann dann in den verschiedenen Gebäuden, Fachbereichen, Instituten weiter in die Tiefe gegangen werden. Schließlich können so auch Kommunikations- und Informationsmaßnahmen für alle Hochschulangehörigen konzipiert werden und bleiben nicht auf einzelne Organisationseinheiten (OE) beschränkt. Ein entscheidender Vorteil der Osnabrücker Herangehensweise ist weiterhin, dass die herkömmliche Trennung in Verwaltung (liefert Energie, Wasser, Materialien …) und Fachbereiche (erzeugen die „Produkte" der Hochschule) aufgehoben wird. Indem jedem Gebäude (bzw. später jeder OE) die anteiligen Stoffflüsse und Emissionen zugeordnet werden, kann ein Bewusstsein für die Umweltauswirkungen jedes einzelnen Arbeits- und Studienplatzes geschaffen werden.

Für die meisten der oben dargestellten Bausteine wurden während des Projekts Konzepte zur Umsetzung an der Universität Osnabrück entwickelt. Für andere Hochschulen zeigen sie die Vorgehensweise bei der Umsetzung auf, sollten jedoch aufgrund der heterogenen Struktur der Hochschulen der jeweiligen Situation „vor Ort" angepasst werden. Ein Teil der Bausteine wurde konkret an der Universität umgesetzt, beispielsweise die Entwicklung und Verabschiedung der Umweltleitlinien, die Aufstellung der Ökobilanz oder die Entwicklung und Durchführung begleitender Maßnahmen der Mitarbeitermotivation und -information bei der Umsetzung eines neuen Abfallkonzeptes. Die letzteren beiden Bereiche stellen auch den Schwerpunkt des Projekts dar. Die Universität Osnabrück hat inzwischen angefangen, ein UMS nach diesem Modell aufzubauen. Damit werden neben der Fortschreibung bzw. Aktualisierung der oben genannten Bausteine auch die weiteren Elemente umgesetzt. Der Aufbau des UMS liegt in der Verantwortung des Koordinators Umweltmanagement.

Im folgenden werden die einzelnen Bausteine des Umweltmanagement-Modells und ihre bisherige Umsetzung an der Universität Osnabrück überblickartig beschrieben. Im weiteren Verlauf werden dann zwei Bausteine näher betrachtet: die Organisation des Umweltmanagements sowie die Öffentlichkeitsarbeit und Weiterbildung. Schließlich wird auf die Erfahrungen hinsichtlich der Auswirkungen des Umweltmanagements auf die Hochschule als Ganzes eingegangen.

## In zehn Schritten zu einem Umweltmanagement

### *Baustein UM 1: Organisationsstruktur (funktional-integrativ)*
Zur Integration des Umweltschutzes in die Aufbau- und Ablauforganisation der Hochschule wird eine funktional-integrative Organisationsstruktur vorgeschlagen. Statt einer eigenen Umweltschutzabteilung werden die Umweltaspekte in die bestehenden Aufgabenbereiche integriert und die bisher schon mit Umweltschutz befassten Sachgebiete in der Verwaltung gestärkt. Ergänzt wird diese Struktur durch den

"Koordinator Umweltmanagement", der die einzelnen Umweltbereiche zusammenführt und koordiniert sowie als Anlaufstelle für Fragen und Anregungen fungiert. Unterstützt wird er durch den Arbeitskreis Umweltschutz und Projektgruppen.

*Baustein UM 2: Umweltleitlinien (intern)*
Die Umweltleitlinien stellen die Umweltpolitik der Hochschule dar und schreiben die Handlungsgrundsätze des Umweltschutzes fest. Sie wurden vom Senat der Universität Osnabrück als erste Universität Deutschlands verabschiedet.

*Baustein UM 3: Umweltvorschriften (extern)*
Für externe Umweltvorschriften wird ein Verfahren entwickelt, wie diese in der Hochschule registriert, fortgeschrieben und bekannt gemacht werden können. Dies ist nach der EG-Öko-Audit-Verordnung (EMAS) verpflichtend, ist aber auch ohne ein angestrebtes Öko-Audit zu empfehlen.

*Baustein UM 4: Umweltprüfung (Ökobilanz)*
Über eine Umweltprüfung wird die Umweltrelevanz des Hochschulbetriebs ermittelt. Vorgeschlagen wird die Erstellung einer Ökobilanz in Anlehnung an die ISO 14 040, wie sie in Osnabrück durchgeführt wurde. Neben der reinen Stoff- und Energieflussanalyse, die in die Sachbilanz mündet, erfolgt damit auch eine Bewertung der Umweltwirkungen (Wirkungsbilanz).

*Baustein UM 5: Umweltziele*
Aus dem Vergleich der in der Ökobilanz ermittelten Situation und dem Stand der Technik, den gesetzlichen Vorgaben, den Umweltleitlinien und der gesellschaftlichen Relevanz werden Umweltziele für alle Umweltbereiche aufgestellt. Sie werden vom Senat verabschiedet und damit verpflichtend für alle Hochschulangehörigen.

### Baustein UM 6: Umweltprogramm

Zur Umsetzung der in den Umweltzielen beschriebenen Anforderungen wird ein Umweltprogramm mit Maßnahmen für alle Umweltbereiche aufgestellt. Während die Umweltziele mittelfristig erreicht werden sollen, gibt das Umweltprogramm kurzfristige Umsetzungsschritte vor. Die Aufstellung von Umweltzielen und Umweltprogramm ist verpflichtend nach der EMAS-Verordnung; die Umsetzung wird im Rahmen der externen Umweltprüfung überprüft.

### Baustein UM 7: Umweltbericht

Baustein UM 7 beinhaltet die jährliche Erstellung eines Umweltberichts der Hochschule. Er soll die (Hochschul-) Öffentlichkeit über bereits erfolgte Umsetzungsmaßnahmen und über nach wie vor bestehende Defizite im Bereich des Umweltschutzes informieren. Die Erstellung des ersten Umweltberichts der Universität Osnabrück ist für das Jahr 2001 vorgesehen.

### Baustein UM 8: Umweltinformationssystem

Mit Hilfe des Umweltinformationssystems (UIS) sollen alle relevanten Daten der Universität aus den Umweltbereichen erfasst, verwaltet und präsentiert werden können. Das UIS soll zum einen die Erstellung der jährlichen Ökobilanz vereinfachen und zum anderen ein effektives Öko-Controlling ermöglichen. An der Universität Osnabrück wird das UIS als Teil des im Aufbau befindlichen Management-Informationssystems implementiert werden.

### Baustein UM 9: Weiterbildung/Schulung

Ein wichtiger Baustein ist die Weiterbildung & Schulung der Hochschulangehörigen zu Aspekten des Umweltschutzes, zu der sich die Hochschule über die Umweltleitlinien verpflichtet hat. Im ersten Halbjahr 1998 wurde beispielsweise ein Paket von verschiedenen Veranstaltungen im Rahmen der Umsetzung eines neuen Abfallkonzeptes angeboten.

*Baustein UM 10: Mitarbeiterbeteiligung/Öffentlichkeitsarbeit*
Betrieblicher Umweltschutz führt erst zum Erfolg durch entsprechende Mitarbeiterbeteiligung und Öffentlichkeitsarbeit. Durch eine kontinuierliche Information aller Beschäftigten über entsprechende Projekte im Rahmen des Umweltmanagements (Ausstellungen, Broschüren, Artikel) sowie eine freiwillige Beteiligung durch Arbeitskreise oder Umweltzirkel kann umweltfreundliches Verhalten gefördert werden. Im ersten Halbjahr 1998 wurden entsprechende Maßnahmen im Rahmen der Umsetzung eines neuen Abfallkonzeptes durchgeführt (Abfallhandbuch, Preisausschreiben, Abfall-Hotline ...).

## Organisation des Umweltmanagements an der Universität Osnabrück

### Das Idealmodell der funktional-integrativen Organisation

Die üblicherweise anzutreffende Organisation des Umweltschutzes in Unternehmen kann man unterscheiden nach funktional-additiver Organisation und Integration (Antes, 1996, S. 232–237). Antes bezeichnet sie als *funktional-additiv*, wenn zusätzlich zu bestehenden Stellen und Abteilungen eigene Bereiche geschaffen werden, die für den Umweltschutz im Unternehmen zuständig sind. Dies kann ein Beauftragter oder ein Ressort auf der Management-Ebene ebenso wie eine eigene Abteilung für Umweltschutz auf Werksebene sein. Die bestehenden Organisationseinheiten werden also nicht verändert, sondern Umweltschutz wird als zusätzliche Funktion neben den bereits bestehenden Funktionen eingeführt (siehe Abb. 2).

Im Gegensatz dazu steht die *Integration* der Umweltschutzaufgaben in bestehende Bereiche. Auf allen Hierarchieebenen müssen Umweltanforderungen beachtet werden, soweit die einzelnen Bereiche davon betroffen sind: Die Technikabteilung muss für einen wasser- und energiesparenden Betrieb sorgen, die Haushaltsabteilung ist für die Beschaffung umweltfreundlicher Büroartikel zuständig, und in der Unterneh-

## Das Osnabrücker Umweltmanagement Modell — 101

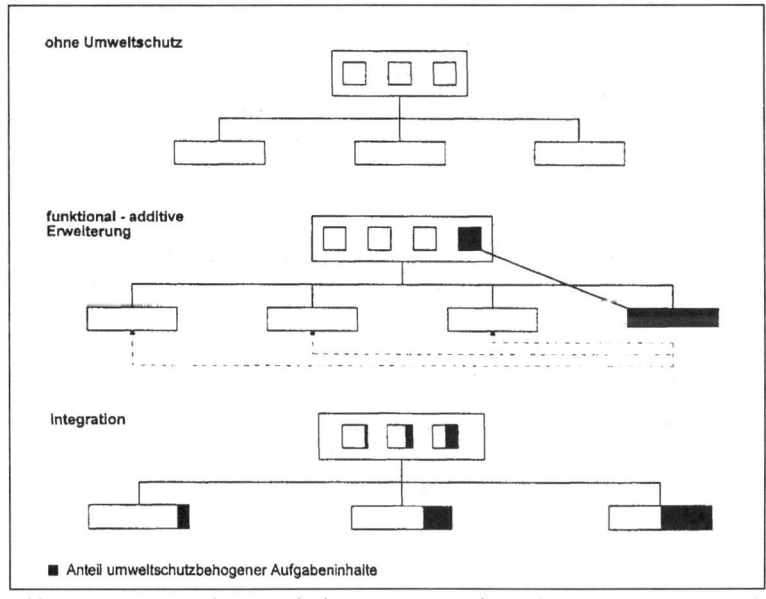

*Abb. 2: Organisation des Umweltschutzes in Unternehmen (aus Antes, 1996, S. 233)*

mensleitung müssen Umweltaspekte bei Investitionsentscheidungen oder dem Einsatz von Anreizsystemen beachtet werden. Auf diese Weise kann vorhandenes Fachpersonal mit seinen jeweiligen Kenntnissen und Fähigkeiten optimal eingesetzt und deren Verantwortung mit einbezogen werden. Diese Art der Organisation ist ebenfalls in obiger Abbildung dargestellt.

Nach Antes herrscht in der Unternehmenspraxis die funktional additive Organisation vor, hier insbesondere die Betriebsbeauftragten für Umweltschutz. Mit Umweltschutz betraute Institutionen sind außerdem fast vollständig dem technischen Bereich zugeordnet. (Antes, 1996, S. 235) Ein Nachteil der funktional-additiven Organisation ist, dass über spezialisierte Stellen und Bereiche das zu erreichen versucht wird, was eigentlich Aufgabe einer/s jeden Beschäftigten ist: die Einbeziehung der Umweltaspekte in die tägliche Arbeit. Dadurch kann der Effekt entstehen, dass die Verantwortung auf diese Spezialisten abgeschoben wird. Sie wiederum haben aber nicht immer den Überblick, was in den einzelnen Abteilungen umweltrelevant ist. Von daher ist das zweite Modell, die Integration der Umweltaufgaben, anzustreben. Auch aus Kostengründen kann es angebracht sein, nicht neue Stellen einzurichten, solange die Umweltschutzaufgaben in bestehende integriert werden können.

Gerade in kleineren und mittleren Unternehmen oder öffentlichen Einrichtungen ist es jedoch nicht immer sinnvoll, auch auf der Leitungsebene derart zu differenzieren, da für eine Stabsfunktion (im Umweltschutz) qualifizierte Fachleute vorhanden sein müssen. Auch vom zeitlichen Aufwand her sind die umfangreichen Aufgaben des konzeptionelles Umweltschutzes nicht einfach so „nebenher" zu leisten. Sinnvoll ist daher eine *Kombination aus beiden Ansätzen*: integrierte Organisation in den Linienfunktionen, aber Stabsfunktion auf der Leitungsebene, additiv zu den anderen Stäben. Die Stabsstelle ist für die Zusammenführung und Koordination der einzelnen Umweltbereiche untereinander sowie die konzeptionelle Arbeit zuständig (siehe unten). Dieses Modell wird im weiteren als *funktional-integrativ* bezeichnet. Bezogen auf Hochschulen ergibt dies das *Idealmodell der umweltbezogenen Hochschulorganisation*:

*Stabsstelle Umweltschutz* als Koordination des Umweltmanagements und Stabsstelle Arbeitsschutz bei der Hochschulleitung sowie *Stärkung der Umweltbereiche in den Dezernaten*: Wenig sinnvoll erscheint es, *sämtliche* umweltbezogenen Aufgaben einer zentralen Stelle zuzuweisen, da dann auch die entsprechenden Fachleute dort angesiedelt werden müssten. Stattdessen sollten in den einzelnen Dezernaten die Umweltbereiche verstärkt und zusammengelegt werden, so wie es das Modell der integrierten Organisation von Umweltaufgaben vorsieht. So darf die Beschaffung von Materialien z.B. nicht ohne die gleichzeitige Berücksichtigung der später entstehenden Abfälle erfolgen. Beschaffungen von elektrischen Geräten haben wiederum Auswirkungen auf den Stromverbrauch der Universität. Die Stabsstelle ist dann zur übergreifenden Koordination und für konzeptionelle Aufgaben zuständig.

## Einbindung des Umweltmanagements in die Organisationsstruktur der Universität Osnabrück

Vorschläge zur Organisation des Umweltschutzes in der Verwaltung

*Einbindung des Präsidenten (Baustein UM 1.1)*
Der Präsident (oder gegebenenfalls einer der Vizepräsidenten) wird als *verantwortlicher Managementvertreter für die Anwendung und Aufrechterhaltung des Umweltmanagements* bestellt. Qua seines Amtes ist er bereits mit den entsprechenden Befugnissen und Verantwortung ausgestattet, die zur Durchsetzung des Umweltschutzes notwendig sind. Die Bestellung eines Managementvertreters wird konkret durch die EG-Öko-Audit-Verordnung verlangt (EG, 1993, Anhang I B). Sie verdeutlicht auch den Beschäftigten den Stellenwert des Umweltschutzes an der Universität („Umweltschutz ist Chefsache"). In Unternehmen arbeitende Umweltbeauftragte sehen „eine Unternehmensleitung, die sich aktiv für eine Verbesserung einsetzt und damit eine Vorbildfunktion erfüllt" (o. V. (1993)) als wirksame Förderer des innerbetrieblichen Umweltschutzes. Dem Präsidenten wird zur optimalen Durchführung dieser Aufgaben die *Koordinationsstelle Umweltmanagement* als Stabsstelle oder als Beauftragter unterstellt (siehe unten).

*Änderung in den Dezernaten (Baustein UM 1.3)*
Für den Bereich der Verwaltung wurden die Ist-Situation der Organisationsstruktur unter Umweltgesichtspunkten analysiert sowie Vorschläge entwickelt, wie die einzelnen Sachgebiete hinsichtlich der umweltschutzbezogenen Aufgaben gestärkt werden können. Ihre Umsetzung steht noch aus.

*Koordinationsstelle Umweltmanagement (Baustein UM 1.2)*
Darüber hinaus erscheint es notwendig, eine *Koordinationsstelle Umweltmanagement* einzurichten. Primäre Aufgabe soll der konzeptionelle ressourcenschonende Umweltschutz sein. Die Alternative, diese Aufgaben bestehenden Stellen zuzuweisen, bringt nur geringen Nutzen,

da im Alltagsgeschäft kaum Zeit für konzeptionelle Aufgaben verbleibt. Eine Anbindung an den Präsidenten in Form einer Stabsstelle würde zum einen die notwendige personelle Kapazität schaffen und hätte zum anderen eine wesentlich höhere Durchsetzungskraft in der Universität. Die Stelle ist als Koordinator und Initiator von ressourcenschonenden Umweltschutzmaßnahmen und als Anlaufstelle für Fragen und Anregungen konzipiert. Sie dient damit als Bindeglied und Ansprechpartner zwischen der Hochschulleitung, der Verwaltung, den Fachbereichen, den Bediensteten, den Studierenden und der außeruniversitären Öffentlichkeit in allen Fragen des Umweltschutzes (siehe Abb. 3). Für die Universität Osnabrück wurde diese Stelle ab Oktober 1999 zunächst halbtags eingerichtet; eine volle Planstelle ist geplant.

Bornemann und Willig erkennen zu Recht, dass „ein Umweltbeauftragter ‚neuer Art' ... beraten, kooperieren, führen und entscheiden und damit in der Lage sein [muss], komplexe, konfliktreiche Problemkreise über den ‚eigenen Tellerrand' hinausblickend, managen zu können. Das heißt, über die von Beauftragten ‚alter Art' wahrzunehmenden Überwachungs- und Kontrollfunktionen geht die zu erreichende Qualifikation eines solchen neu zu schaffenden ‚betrieblichen Umweltbeauftragten' weit hinaus. Diese Umweltbeauftragten übernehmen – mit dem Management eines Unternehmens zusammen – die Aufgabe, ein Umweltmanagementsystem ... aufzubauen und funktionsfähig zu halten. *Gleichzeitig hat dieser Umweltbeauftragte ... die Aufgaben eines Moderators, eines Promotors, eines Motivierers, eines umweltpolitischen Unternehmenssprechers und damit Öffentlichkeitssprecher, sowie eines Vermittlers und Lehrenden (und noch einige mehr) wahrzunehmen.* Dies ist nicht mehr ohne Zusatzqualifikation zu leisten. Hierzu werden Fähigkeiten in der Pädagogik, der Didaktik, der Psychologie und der Soziologie benötigt." (Bornemann & Willig (1996)).[2]

---

[2] Der hier vorgeschlagene Koordinator Umweltmanagement entspricht dem in dem Zitat angesprochenen Umweltbeauftragte „neuer Art".

# Das Osnabrücker Umweltmanagement Modell — 105

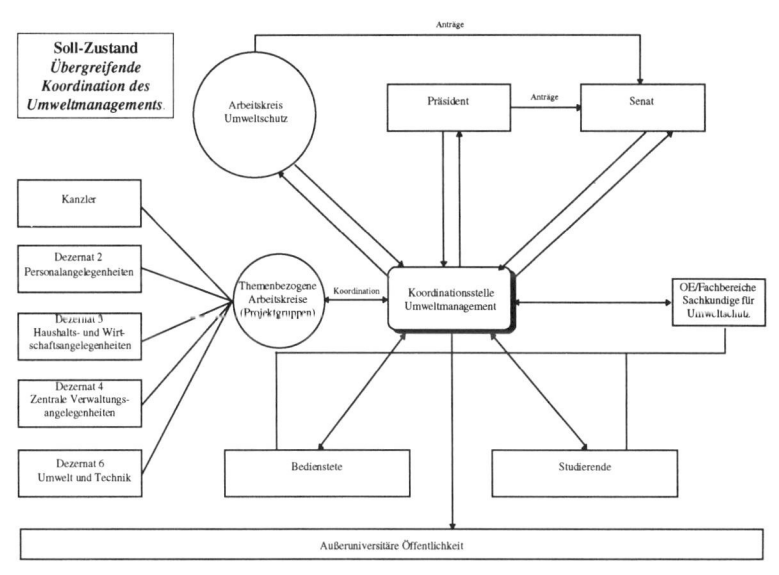

*Abb. 3: Soll-Zustand übergreifende Koordination Umweltmanagement der Universität Osnabrück*

Die Arbeit soll in enger Kooperation mit dem Arbeitskreis Umweltschutz getätigt werden. Notwendig für ein effektives Arbeiten ist eine enge Verzahnung der umweltrelevanten Stellen in den verschiedenen Dezernaten und der Stabsstelle Umweltmanagement. Damit ist gewährleistet, dass das umfangreiche Wissen und Potential der Dezernate in die zukünftige Arbeit mit einfließen können. Der Koordinationsstelle Umweltmanagement sollte ein jährlicher Etat zur Verfügung gestellt werden zur Verwendung für die

- Beschäftigung studentischer Hilfskräfte
- Erstellung und Kauf von Informationsmaterial
- Förderung von Studien- und Diplomarbeiten (z.B. durch Übernahme von Material- und Druckkosten)
- Teilnahme an und Aufbau von Fortbildungsveranstaltungen und die Erstellung externer Studien und Gutachten

Abbildung 4 zeigt beispielhaft verschiedene Tätigkeitsfelder eines Koordinator Umweltmanagements:

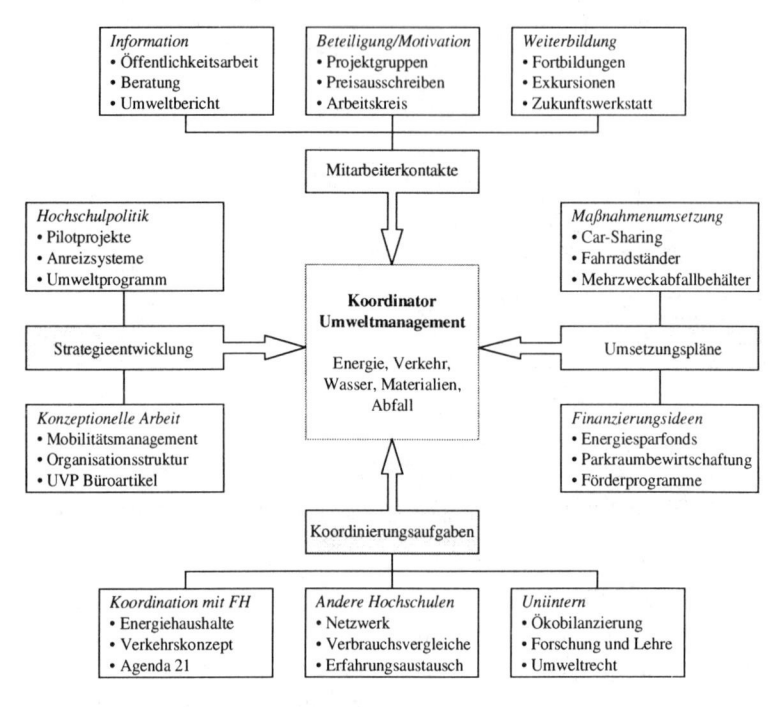

| Information | Beteiligung/Motivation | Weiterbildung |
|---|---|---|
| • Öffentlichkeitsarbeit<br>• Beratung<br>• Umweltbericht | • Projektgruppen<br>• Preisausschreiben<br>• Arbeitskreis | • Fortbildungen<br>• Exkursionen<br>• Zukunftswerkstatt |

Mitarbeiterkontakte

| *Hochschulpolitik* | | *Maßnahmenumsetzung* |
|---|---|---|
| • Pilotprojekte<br>• Anreizsysteme<br>• Umweltprogramm | | • Car-Sharing<br>• Fahrradständer<br>• Mehrzweckabfallbehälter |
| Strategieentwicklung | **Koordinator Umweltmanagement**<br>Energie, Verkehr, Wasser, Materialien, Abfall | Umsetzungspläne |
| *Konzeptionelle Arbeit* | | *Finanzierungsideen* |
| • Mobilitätsmanagement<br>• Organisationsstruktur<br>• UVP Büroartikel | | • Energiesparfonds<br>• Parkraumbewirtschaftung<br>• Förderprogramme |

Koordinierungsaufgaben

| *Koordination mit FH* | *Andere Hochschulen* | *Uniintern* |
|---|---|---|
| • Energiehaushalte<br>• Verkehrskonzept<br>• Agenda 21 | • Netzwerk<br>• Verbrauchsvergleiche<br>• Erfahrungsaustausch | • Ökobilanzierung<br>• Forschung und Lehre<br>• Umweltrecht |

*Abb. 4: Tätigkeitsfelder eines Koordinators Umweltmanagement*

Für die Universität Osnabrück wurde bereits 1994 auf Anforderung des Präsidenten ein *Idealkonzept für einen Umweltschutz-Beauftragten* (Universität Osnabrück (1994)) geschaffen. Weitere und ähnliche Anforderungen sind auch schon für andere Hochschulen formuliert worden (siehe Gottschick et al., 1996, S. 168; Pfrommer (1990); Köstermenke et al., 1996, S. 145). Eine umfangreiche Beschreibung, warum ein Umweltschutzbeauftragter für Hochschulen nötig ist und was seine Tätigkeiten sein sollten, findet sich auch in einem Umweltschutzkonzept für die Universität-Gesamthochschule Paderborn (Eilinghoff, 1989, S. 115–119).

## Übergreifende Bearbeitung von Umweltfragen

*Sachkundige für Umweltschutz in den Fachbereichen und anderen Organisationseinheiten (Baustein 1.4)*
In allen Organisationseinheiten sollte eine Person als *Sachkundige für Umweltschutz* ernannt werden. Sie/er sollte als erste/r Ansprechpartner/in für die Mitglieder der Organisationseinheit dienen, wenn Fragen, Probleme oder Vorschläge zum Umweltschutz auftauchen. Dadurch sind kurze Verwaltungswege und Lösungen schon auf der kleinen Ebene möglich. Die Sachkundigen für Umweltschutz sollten für die Tätigkeit eine angemessene Zeit pro Woche freigestellt werden. Sie müssen eine Weiterbildung in Umweltfragen erhalten, die auf ihren Bereich zugeschnitten ist. Es sollten möglichst Personen ausgewählt werden, die bereits schon Interesse für Umweltschutz gezeigt haben. (Für diesen und die folgenden beiden Bereiche siehe auch Abb. 3.)

*Arbeitskreis Umweltschutz (Baustein UM 1.5)*
Der Arbeitskreis Umweltschutz ist bereits institutionalisiert worden. Er soll beim Aufbau des UMS weiterhin beratend und kontrollierend tätig sein. Als einzigem interdisziplinär zusammengesetztem Gremium (Vertreter aller Statusgruppen) kommt dem Arbeitskreis eine wichtige Bedeutung zu. Er sollte in Zukunft verstärkt für die Einbindung der verschiedenen Gruppen genutzt werden. Ergänzend zur bisherigen Vorgehensweise könnten Arbeitsgruppen gebildet werden, um gezielt einzelne Probleme zu diskutieren und Lösungsvorschläge zu erarbeiten.

*Temporäre themenbezogene Arbeitskreise (Baustein UM 1.6)*
Viele Aspekte im Umweltschutz betreffen mehr als nur einen Umweltbereich. So hängt z. B. die Menge und Art der zu entsorgenden Stoffe direkt vom Einkauf der entsprechenden Produkte ab. Die Art der beschafften Computer hat z. B. Einfluß auf den späteren Energieverbrauch. Beim Neubau eines Gebäudes kann Einfluss auf eine Vielzahl von Stoffen genommen werden. Solche Fragen sollen in *themenbezogenen Arbeitskreisen* mit allen Betroffenen erörtert und abgestimmt

werden. Diese *Projektgruppen* treten nur bei Bedarf und nur für die Dauer der Lösung eines Problems zusammen. Sie werden organisiert von der Koordinationsstelle Umweltschutz.

## Zusammenfassung

Die in den vorherigen Kapiteln dargestellten Organisationsvorschläge haben deutlich gemacht, wie die angestrebte funktional-integrative Organisationsstruktur umgesetzt werden soll: Der Präsident fungiert als oberster Management-Vertreter und als Garant dafür, daß der Aufbau des Umweltmanagements kontinuierlich fortgesetzt wird. Als Stabsstelle oder Beauftragter dient ihm dabei der Koordinator Umweltmanagement, der die eigentliche konzeptionelle Arbeit leistet. Die konkrete, praktische Arbeit wird in den Dezernaten, aber auch in den Fachbereichen und den anderen Organisationseinheiten geleistet. Der Arbeitskreis Umweltschutz und die Projektgruppen stehen für die interdisziplinäre Zusammenarbeit aller Hochschulgruppen bei der Lösung von Umweltschutzproblemen zur Verfügung.

Zu den einzelnen Bereichen sollten Umweltverfahrensanweisungen (UVAs) entwickelt werden, in denen klar definiert wird, welche Ziele sich die Hochschule setzt und welche Aufgaben sich daraus für die Verantwortlichen ergeben. Im Einklang mit der EG-Öko-Audit-Verordnung sind UVAs jedoch nur für solche Fälle nötig, „in denen ein Fehlen derartiger Anweisungen zu einem Verstoß gegen die Umweltpolitik führen könnte" (EG, 1993, Anhang I B, Kapitel 4). Die UVAs werden durch den Koordinator Umweltmanagement zusammen mit der Hochschulleitung festgelegt. Sie sollten sich jedoch nicht nur auf die eigenen Beschäftigten beziehen, sondern auch auf Dienstleister ausgeweitet werden.

Gellrich und Fichter geben jedoch zu bedenken, dass bei der Integration des Umweltmanagements in die bestehenden betrieblichen Abläufe und Strukturen auch die Verknüpfung mit dem Qualitätsmanagement und dem Gesundheitsschutz gesehen werden muss. „So macht es z. B. wenig Sinn, zwei getrennte Beschaffungsrichtlinien zu verwenden. Gerade hier können Qualitäts- und Umweltanforderungen ohne weiteres in einer Beschaffungsrichtlinie zusammengeführt werden. Dies gilt auch für Stellenbeschreibungen oder einen Großteil von Arbeits- und Verfahrensanweisungen" (Gellrich & Fichter (1995)).

## Öffentlichkeitsarbeit, Weiterbildung und Mitarbeitermotivation

Mitarbeiterbeteiligung als notwendiger Bestandteil eines funktionierenden Umweltmanagementsystems

Eine Verbesserungsdynamik durch positive und freiwillige Motivation zum Ressourcenschutz kann sich nur durch gezielte Beteiligungsmodelle in Kombination mit einer umfassenden Öffentlichkeitsarbeit ergeben (vergleiche Fichter, 1995, S. 20). Die allgemeine Motivationsstärke für ein bestimmtes Verhalten hängt nach Lawler im Wesentlichen von zwei Variablen ab (in Gebert & Rosenstiel, 1996, S. 38):

*Wünschbarkeit*, das heißt der Wert des erzielten Verhaltensergebnisses und *Erwartung*, das heißt die angenommene Wahrscheinlichkeit, dass das gewünschte Ergebnis eintritt.

Die Motivation zu umweltgerechtem Verhalten führt schließlich zu einem gestärkten *Umweltbewußtsein*. Im folgenden wird auf die Variablen Wünschbarkeit und Erwartung näher eingegangen.

### Wünschbarkeit

Durch klare Prioritätensetzung seitens der Hochschulleitung als Teil des Umweltmanagementsystems (z. B. über Umweltleitlinien und ein Umweltprogramm), aber auch durch darüber hinausgehende umfangreiche Öffentlichkeitsarbeit wird die Wichtigkeit der ökologischen Werte auf oberster Ebene beispielhaft vorgeführt („Umweltschutz ist Chefsache"). Obwohl *Anreizsysteme* nur indirekt die Wünschbarkeit eines ökologischen Kriteriums fördern, indem eigentlich nur die Belohnung gewünscht wird, können sie sekundär durch entsprechende Werbewirksamkeit in Verbindung mit öffentlichkeitswirksamen Selbstverpflichtungen auch zu nachhaltig positiven Effekten führen. Seitens der Mitarbeiter/innen kann durch *Weiterbildungsmaßnahmen* der emotionale Zugang zu ökologischen Themen besonders dadurch geschaffen werden, dass kognitive Erkenntnisse in Verbindung mit affektiven Lernzielen vermittelt werden. Dadurch wird nicht nur Fachwissen, sondern auch Innovationsbereitschaft vermittelt. Durch die *Mitarbeit in Fachgremien* werden außerdem informelle Lernprozesse ermöglicht: *Voneinander lernen* unter Ausblendung der Hierarchien, *übereinander lernen* durch Kennenlernen verschiedener Arbeitsbereiche, *miteinander lernen* auf der Suche nach gemeinsamen Lösungen und *über sich und für sich selbst lernen*, Selbstvertrauen gewinnen sind mögliche Resultate der Kommunikation in solchen Gremien, ganz im Sinne der Didaktik der Erwachsenenbildung (Franz-Balsen (1996)).

## Erwartung

Die Erwartung, dass das erwünschte Ergebnis einer Handlung auch eintritt, beeinflusst die Motivationsstärke zum adäquaten Umweltverhalten (Heckhausen, 1980, S. 621 f.). Im Sinne einer positiven Verstärkung muss daher eine Rückkopplung gegeben sein, der Erfolg muss messbar sein und öffentlich gemacht werden. Werden in den beteiligten Gremien umsetzbare Maßnahmen erarbeitet, dann dürfen sie nicht auf Leitungsebene verwässert oder ganz vergessen werden, sondern müssen gewürdigt, veröffentlicht und umgesetzt werden. Klar abgegrenzte Kompetenzen und konkrete Zielvorstellungen helfen den Gremien dabei, nicht im Leeren zu schwimmen. Durch Kennzeichnung durchgeführter Verbesserungen z.B. mit Informationstafeln werden sie für alle Nutzer/innen transparent. Jährliche Bilanzierungen des Einsparerfolges verdeutlichen, dass sich alle Maßnahmen zu einem Gesamterfolg summieren und nicht im Großbetrieb verschwinden. Jede Verbesserung dagegen, die im Stillen durchgeführt und nicht nach außen getragen wird, mindert den Eindruck, den eine Bilanz über alle Einspartätigkeiten hinterlässt.

### Mitarbeitergruppen an einer Universität

Bei der Mitarbeitermotivation müssen verschiedene Zielgruppen unterschieden werden:

Die Gruppe der *Lehrenden* zeichnet sich durch die starke Unabhängigkeit aus, sie sind neuen Maßnahmen nur schwer zugänglich. Ansatzpunkte sind Kommissionen (Senat, Fachbereichsräte …), Dekane oder die Arbeitsgruppen/Institute. Durch Einführung von Globalhaushalten könnte sich bei Dezentralisierung der Kostenabrechnungen die Zugänglichkeit auch der Lehrenden für Sparmaßnahmen erhöhen.

Die Gruppe der *Studierenden* charakterisiert sich durch eine hohe Fluktuation, die Identifikation mit der Uni und die damit zusammenhängende Eigenverantwortung ist gering. Hier müssen Methoden entwickelt werden, die immer wieder neu zum Mitmachen motivieren.

Die *Verwaltung* ist noch am ehesten für ressourcensparende Maßnahmen zu erreichen. Die hierarchische Organisation erleichtert einerseits die Kommunikationswege, führt andererseits aber auch zu Frustrationen bei besonders engagierten Mitarbeiter/innen.

### Begleitende Maßnahmen zur Umsetzung eines verbesserten Abfallkonzepts

Innerhalb des Projekts zum Aufbau eines Umweltmanagementsystems an der Universität Osnabrück wurde am Beispiel der Umsetzung eines verbesserten Abfallkonzepts erstmals versucht, die im vorherigen Kapitel dargestellten Aspekte zu konkretisieren und auf die Hochschule anzuwenden. Abb. 5 stellt das Maßnahmenpaket dar, das für die Universität entwickelt wurde. Am Anfang stand eine detaillierte Abfallanalyse, deren Ergebnis u.a. war, dass sich im Restmüll noch jeweils 20% Papier und Grüner-Punkt-Müll befanden, obwohl bisher schon eine getrennte Sammlung existierte.

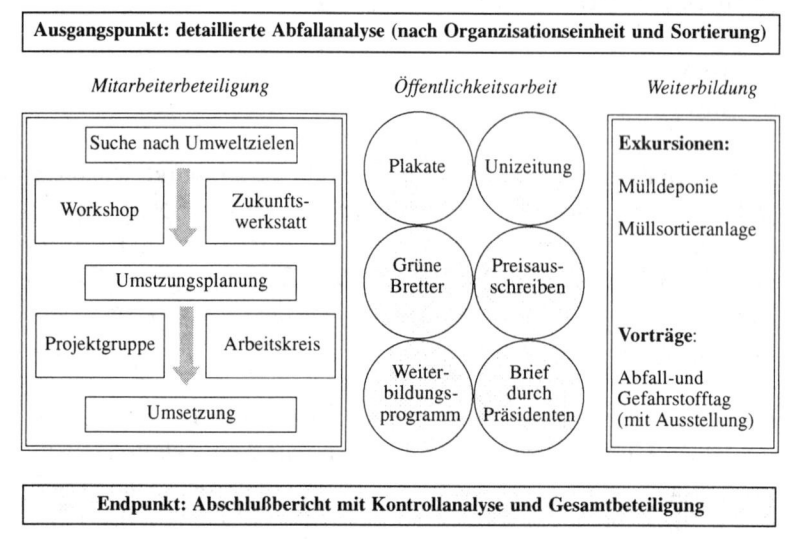

| Ausgangspunkt: detaillierte Abfallanalyse (nach Organzisationseinheit und Sortierung) | | |
|---|---|---|
| *Mitarbeiterbeteiligung* | *Öffentlichkeitsarbeit* | *Weiterbildung* |
| Suche nach Umweltzielen — Workshop / Zukunftswerkstatt — Umstzungsplanung — Projektgruppe / Arbeitskreis — Umsetzung | Plakate, Unizeitung, Grüne Bretter, Preisausschreiben, Weiterbildungsprogramm, Brief durch Präsidenten | Exkursionen: Mülldeponie, Müllsortieranlage. Vorträge: Abfall- und Gefahrstofftag (mit Ausstellung) |
| Endpunkt: Abschlußbericht mit Kontrollanalyse und Gesamtbeteiligung | | |

*Abb. 5: Begleitende Maßnahmen bei der Umsetzung des neuen Abfallkonzeptes*

## Vier Möglichkeiten der Mitarbeiterbeteiligung

Alle Hochschulangehörigen, die Schlüsselpositionen in Sachen Abfall innehaben, wurden zu einem Workshop *„Abfallvermeidung zur finanziellen und ökologischen Ressourceneinsparung"* eingeladen, an dem schließlich 17 Personen teilnahmen. Nach der Vorstellung der Ergebnisse der Restmüllanalyse konnten die Teilnehmer/innen nach der Metaplan-Technik eigene Ideen zur Abfallvermeidung und dabei auftretende Probleme auf Kärtchen schreiben, die dann auf einer Pinnwand den

Rubriken *Probleme* sowie *Lösungsideen* zugeordnet wurden. Danach wurden die gesammelten Ideen und Probleme getrennt nach technischen und motivativen Gesichtspunkten diskutiert und Umsetzungsvorschläge gesammelt.

Als nächster Schritt hätte eine *Zukunftswerkstatt „Leben ohne Abfall"* folgen sollen mit dem Ausschreibungstext „Dosen, Tüten, Transportbehälter, Schutzhüllen, Umverpackungen … einpacken, auspacken, wegpacken. Ein Rhythmus, der zur alltäglichen Routine gehört. Wie könnte ein Leben ohne Abfall aussehen?" Damit sollte angedeutet werden, dass in der eintägigen Veranstaltung Ideen außerhalb der Alltagserfahrungen gesammelt werden. Dabei entwickelte Maßnahmen wären über die Projektgruppe weiterverfolgt worden, außerdem wären Teilnehmer/innen evtl. zur Weiterarbeit in der Projektgruppe bereit gewesen. Die Zukunftswerkstatt ist jedoch von der Unileitung aus Kostengründen (2000 DM hätte die Moderation gekostet) abgelehnt worden.

Der *Arbeitskreis Umweltschutz* ist ein schon seit 1993 bestehendes Gremium, das alle zwei Monate zusammenkommt. Auch für das Abfallkonzept spielte er eine große Rolle, da hier geplante Maßnahmen aus verschiedenen Blickwinkeln heraus problematisiert werden konnten. Gleichzeitig ist es die erste „Kontrollinstanz", wo die Durchführbarkeit und der mögliche Erfolg der durch das Umweltmanagement geplanten Maßnahmen durch die Entscheidungsträger aus den verschiedenen Dezernaten geprüft wird. Die konkrete Bearbeitung des Abfallkonzeptes durch Entwicklung und Umsetzung der Ideen wurde auf die im folgenden beschriebene Projektgruppe Abfallvermeidung verlagert, in der jedoch nicht nur Arbeitskreis-Mitglieder mitgearbeitet haben.

Um die in der Abfallanalyse festgestellten Einsparpotentiale zu erreichen, wurde die *Projektgruppe Abfallvermeidung* gegründet. Hier sollten durch die Beteiligung unterschiedlicher Personengruppen und Fachbereiche im Rahmen der Mitarbeiterbeteiligung möglichst viele

Einsparmöglichkeiten identifiziert und umgesetzt werden. Dazu wurden neben der Information im Weiterbildungsprogramm und einem direkten Anschreiben der Mitglieder vom bestehenden Arbeitskreis Umweltschutz sowie der Teilnehmer vom Workshop Abfallvermeidung (siehe oben) auch ein Artikel in der Universitätszeitung veröffentlicht. Von der Projektgruppe, die sich schließlich fünf mal traf, wurden konkrete Maßnahmen begleitet.

## Öffentlichkeitsarbeit aus sechs Blickpunkten

Durch eine *Plakatserie* mit einheitlichem Erscheinungsbild wurde in der gesamten Uni für Aufmerksamkeit gesorgt. In Anlehnung daran wurde auch das Abfallhandbuch gedruckt, um einen Wiedererkennungswert zu erzeugen. Neben einem Leitspruch und Detailinformationen wurden auf allen Plakaten die jeweiligen Ansprechpartner aufgeführt.

In der *Unizeitung* wurden Artikel über das Abfallkonzept sowie Werbung für die Projektgruppe Abfallvermeidung veröffentlicht. Die Zusammenarbeit mit der Pressestelle war sehr gut, alle gewünschten Artikel wurden abgedruckt. Die Unizeitung hat eine Auflage von 5000 Stück.

Insgesamt wurden an drei zentralen Punkten *Informationstafeln* eingerichtet. Hier konnte zum einen dauerhaft die Plakatserie präsentiert werden, zum anderen wurden Großplakate über das Umweltmanagementsystem ausgestellt. Außerdem wurden hier die Sitzungen vom Arbeitskreis Umweltschutz angekündigt.

Für die Beantwortung der im *Preisausschreiben* gestellten Fragen musste im Abfallhandbuch nachgesehen werden, dem das Preisausschreiben beigelegt worden war, so dass ein Umgang mit dem Nachschlagewerk gefördert wurde. Die für Universitätsangehörige attraktiven Preise wie z. B. Freikarten für den beliebten Uniball stellten einen Anreiz zur

Teilnahme dar. Die letzte Frage diente der Ideensammlung und forderte dazu auf, eigene Vorschläge zur Abfallvermeidung zu entwickeln. Die Teilnahme war erstaunlich hoch. Insgesamt kamen 85 Einsendungen zur Verlosung, was einem Rücklauf von fünf Prozent entspricht. Davon enthielten 50 Einsendungen interessante eigene Vorschläge, welche Maßnahmen zur Abfallreduzierung zu ergreifen wären. Die Namen der Preisträger wurden öffentlich ausgehängt.

*Im Weiterbildungsprogramm*, das sich an die Univerwaltung und die wissenschaftlichen Mitarbeiter/innen richtet, aber auch von der Stadtverwaltung genutzt wird, wurden neben der Ankündigung der Veranstaltungen auch allgemeine Informationen über das Abfallkonzept veröffentlicht. Dazu gehören z. B. die gesamten Entsorgungskosten sowie der durch das neue Abfallkonzept einsparbare Anteil, aber auch die Ankündigung einzelner Maßnahmen aus dem Gesamtpaket.

Durch einen *Brief an alle Organisationseinheiten* sollte von oberster Stelle auf das neue Abfallkonzept hingewiesen werden. Damit soll die „Wünschbarkeit" (siehe „Umweltschutz ist Chefsache") des umweltgerechten Verhaltens, also einer verbesserter Abfalltrennung, unterstrichen werden.

## Weiterbildung im Dreierpack

Als Weiterbildungsmaßnahmen wurde eine Exkursion zu Osnabrücks Mülldeponie sowie zu Deutschlands einziger automatischer Müllsortieranlage für Grünen-Punkt-Müll in der Nähe von Osnabrück durchgeführt, was jedoch nur auf wenig Interesse stieß. Der Abfall- und Gefahrstofftag stieß mit ca. zehn Besuchern pro Vortrag auf mehr Interesse. Das Programm reichte am Vormittag von der Vorstellung der Abfallanalyse über Abfallentsorgung allgemein bis zu einer Führung durch das Chemikalien-, Sonderabfall- und Isotopenabfalllager der Uni. Nachmittags ging es um die Gefahrstoffverordnung und den Sicherheits- und Gesundheitsschutz, den

Abschluss bildete eine Filmvorführung über den sicheren Umgang mit Gefahrstoffen im Labor, der von Chemiestudenten an der Uni Bielefeld gedreht worden war.

**Fazit**

Nicht alles verlief reibungslos, und oft ließ die Beteiligung zu wünschen übrig. Zentrale Probleme bei der Durchführung waren:

- Die Beteiligung in der Projektgruppe war sehr gering. Kernproblem war das Fehlen von klaren Kompetenzen oder einem eigenen Etat. Das führte zum stetigen „Schrumpfen" der Gruppe, da die fehlende Umsetzung demotivierte.

- Der weitere Verlauf nach Ende des Pilotprojektes zum Aufbau des Umweltmanagements war lange Zeit unklar, so das viele im Workshop entwickelte und durch das Preisausschreiben gesammelte Maßnahmen nicht weiterverfolgt wurden.

- Das Interesse an den Weiterbildungsveranstaltungen war sehr gering. Zukünftig sollte daher eine zielgruppenspezifische Werbung durch direkte Anschreiben o.ä. erfolgen.

- Die Vorbereitung und Durchführung der einzelnen Maßnahmen waren sehr zeitintensiv und zeigten, dass sie nicht einfach so neben dem „Tagesgeschäft" bearbeitet werden können.

Inzwischen wurde entschieden, das erarbeitete Abfallkonzept von der Verwaltung aus zügig umzusetzen. Problem wird jedoch insbesondere der letzte der obigen Aspekte bleiben: Soll eine dauerhafte Wirkung bei den Hochschulangehörigen im Hinblick auf ein verbessertes Trennverhalten erzielt werden, müssen die nicht-investiven Maßnahmen verstärkt fortgesetzt werden, was aufgrund der schon jetzt bestehenden Engpässe in der Verwaltung nur schwer möglich sein wird. Andererseits sollten die prognostizierten Einspargewinne von ca. 36 000 DM nicht außer Acht gelassen werden, die es auch rechtfertigen würden, in den ersten ein bis zwei Jahren auch das Personal für diesen Bereich entsprechend aufzustocken.

## Auswirkung des Umweltmanagements auf die Hochschule als Ganzes

Aufgrund der integrativen Herangehensweise des Osnabrücker Modells und der Einbeziehung aller Hochschulangehörigen hat ein ernst genommenes UMS auch Auswirkungen auf die Hochschule als Ganzes. Sie sollen im folgenden kurz dargestellt werden.

In der gesamten Universität hat sich, zumindest ansatzweise, ein Bewusstsein gebildet, dass „der Hochschule Umweltschutz wichtig ist". Dies ist Voraussetzung und gleichzeitig Motivation dafür, dass die Berücksichtigung von Umweltfragen in den Tätigkeitsbereichen jedes einzelnen selbstverständlich wird – so wie zuhause die Abfalltrennung. Um dies weiter auszubauen, ist jedoch kontinuierliche Information und Kommunikation nötig, ebenso wie die Bereitschaft, sich mit Vorschlägen oder Kritik von Hochschulangehörigen auseinanderzusetzen und sie ernst zu nehmen.

Da das Umweltmanagement ein Bereich ist, bei dem alle „an einem Strang ziehen", da im Prinzip jeder für Umweltschutz ist, könnte dieser Bereich den Ausgangspunkt zur Schaffung eines verbesserten „Betriebsklimas" innerhalb der Hochschule bilden. Dies betrifft sowohl die Kommunikation innerhalb der Verwaltung als auch zwischen Verwaltung und Fachbereichen.

Innerhalb der Verwaltung hat Umweltmanagement eine engere Zusammenarbeit einzelner Sachgebiete zur Folge. So müssen z.B. auf Beschaffungsseite auch die Folgen für den Ressourcenverbrauch und die Entsorgung von Geräten mit kalkuliert werden. Dies erfordert ein

Umdenken im Verwaltungshandeln und sollte von der Hochschulleitung unterstützt werden.

Andererseits bedeutet der Aufbau eines UMS nach dem funktional-integrativen Modell wenig Veränderung der bisherigen Organisationsstrukturen an sich, da die einzelnen Sachgebiete der Verwaltung mit ihrem jeweiligen Aufgabenbereich gezielt in das UMS einbezogen werden (z. B. Pressestelle, Justiziar, IuK, Weiterbildung, Betriebstechnik, Beschaffung …). Auf diese Weise werden einerseits die vorhandenen „Ressourcen" optimal genutzt, andererseits wird vermieden, dass sich zu große Widerstände bei einer völligen Umorganisation bilden.

Das UMS sieht zur Steuerung des Ressourcenverbrauchs (und der Kosten) eine nutzerbezogene Abrechnung (Energie, Wasser, Materialien, Abfälle) vor. Dies dürfte erhebliche Auswirkungen innerhalb der Hochschule haben, da es gegenüber der bisherigen Mentalität („bezahlt ja alles die Verwaltung") einen verantwortungsvollen Umgang mit Ressourcen und Kosten einfordert. Andererseits besteht dadurch auch die Chance, über die selber eingesparten Mittel die eigenen Umweltschutzbemühungen sichtbar zu machen und die Mittel eigenverantwortlich für Forschung und Lehre verwenden zu können.

Ist für die Hochschule als Ganzes ein UMS eingeführt, wird schließlich die Einforderung von Ressourceneffizienz und Umweltschutz gegenüber Externen ein ganz anderes Gewicht bekommen, wo die Hochschule bzw. einzelne Hochschulangehörige bisher eher als „Bittsteller" auftreten. Dies betrifft u.a. die Bereiche Energieversorgung, Bauplanung, Beschaffung und Hochschulpolitik insgesamt. Insbesondere mit den Umweltleitlinien als Hintergrund können nun gezielt entsprechende Leistungen und Dienstleistungen eingefordert werden.

## Literatur

Antes, Ralf: Präventiver Umweltschutz und seine Organisation in Unternehmen. In: Gabler (Hrsg.) Neue betriebswirtschaftliche Forschung. Band 201. Wiesbaden: Gabler-Verlag, 1996

Bornemann, Siegmar / Willig, Matthias : Zukunftsorientierte Management-Aufgaben. Die aktive Umsetzung eines Umweltmanagementsystems im Unternehmen benötigt Umweltbeauftragte, Umweltbetriebsprüfer und Umweltmanager. Kristall. Kristall Nr. 4, 1996

Eilinghoff, Peter: Umweltbewußte Unternehmensführung (dargestellt) am Beispiel des Hochschulbetriebes. Paderborn, 1989

EG (1993) Verordnung (EWG) Nr. 1836/93 des Rates vom 29. Juni 1993 über die freiwillige Beteiligung gewerblicher Unternehmen an einem Gemeinschaftssystem für das Umweltmanagement und die Umweltbetriebsprüfung. In: LFU (Landesamt für Umweltschutz Baden-Württemberg). Der Weg zur Zertifizierung nach der EG-Öko-Audit-Verordnung. Karlsruhe, 1995

Fichter, Klaus (Hrsg.): EG-Öko-Audit-Verordnung, Schriftenreihe vom Institut für ökologische Wirtschaftsforschung gGmbH. Berlin, 81/95, Berlin, 1995

Franz-Balsen, Angela: Ein Leben lang lernen. Global challenges network 10/96, München, 1996

Gebert, Diether/von Rosenstil, Lutz: Organisationspsychologie. Stuttgart: Kohlhammer-Verlag, 1996

Gellrich, Carsten/Fichter, Klaus: EG-Öko-Audit-System: lohnenswert, aber ziellos! IÖW (Institut für ökologische Wirtschaftsforschung) & VÖW (Vereinigung für ökologische Wirtschaftsforschung) (Hrsg). Informationsdienst. 5–6, S. 27–29, 1995

Gottschick, Manuel/Jabben, Stefan/Krämer, Holger/Lohss, Martin/ Schäfers, Hans/Schirmer, Thomas : Sozial- & UmweltBilanz FH Hamburg-Bergedorf. Bericht im Rahmen des FH-Wettbewerbs „Wir fangen bei uns selbst an!" Hamburg, 1996

Heckhausen, Heinz: Motivation und Handeln. Lehrbuch der Motivationspsychologie. Berlin: Springer, 1980

Köstermenke, Helmut/Krinn, Helmut/Meinholz, Heinz/Pleikies, Michael: Ein Umweltmanagementsystem für Hochschulen. UVS (Umweltzentrum Villingen-Schwenningen) (Hrsg.) Integrierter Umweltschutz. 1. Jahrgang, Sonderheft 3, 1996

o.V.: Umweltbeauftragte unter hohem Anforderungsdruck. Räuschel-Schulte, Jürgen (Hrsg.) Ökologische Briefe. 22, S. 12–13, 1993

Pfrommer, Wolfgang: Umweltbeauftragte an Hochschulen. Konstanz, 1990

Universität Osnabrück: Idealkonzept für einen Umweltschutzbeauftragten für die Universität (unveröffentlicht). Osnabrück, 1994

Viebahn, Peter/Matthies, Michael: Ökobilanzierung und Umweltmanagement an Hochschulen – Konzept und Umsetzung an der Universität Osnabrück. Bochum: projekt verlag, 2000

Peter Reinhold, Anke Hoffmann

# Hochschule Zittau/Görlitz (FH) – Erste Hochschule in Deutschland mit registriertem Umweltmanagementsystem nach dem europäischen Öko-Audit-Standard. Umweltmanagement an Hochschulen: Aufgabe und Chance

## Einleitung

Hochschulen haben durch die Lehre und Forschung sowohl die Möglichkeit als auch die Verpflichtung, zukünftige Generationen umweltbewusst auszubilden. Überzeugend kann dies aber nur geschehen, wenn Hochschulen bereit sind, die Maßstäbe, die sie von anderen fordern, auch selbst anzuwenden.

Der Hochschule Zittau/Görlitz ist der Schutz der natürlichen Umwelt und das Prinzip der nachhaltigen Ressourcenwirtschaft sowohl in Lehre und Forschung als auch in der Verwaltung ein wichtiges Anliegen. Zur Realisierung und Strukturierung des offensiven Umweltschutzgedanken wurde durch die Hochschulleitung beschlossen, ein Umweltmanagementsystem nach dem europäischen Öko-Audit-Standard zu implementieren.

## Voraussetzung für ein Umweltmanagementsystem

Wichtige Voraussetzung und Unterstützung für die Einführung und Aufrechterhaltung eines solchen Systems sind aus unseren Erfahrungen heraus folgende Aspekte:

## Umweltmanagement an Hochschulen

```
Erste Umweltprüfung
Daten, Audits, Bewertung
        Umweltpolitik - "Umweltpolitische
        Erklärung der Hochschule Zittau/Görlitz (FH)"          Verbessern        Umsetzen
            Umweltziele und Umweltprogramm
                                    Umweltbetriebsprüfung
                            Umweltmanagementsystem
        Hochschulleitung        Gesetze, Verordnungen,        Mitarbeiter und
                    Verwaltung  Verwaltungshandb. Umweltmanagementhandbuch    Studenten
                Umwelt-
                erklärung '98               Umwelt-
                    Prüfung und Validierung erklärung '99
                        Registrierung                   Umwelt-
                                                        erklärung '00
Senatsentscheidung                                          Umwelt-
Pilotprojekt                            Überprüfen          erklärung '01
AG Umweltm.                                                 Revalidierung
                        1999                2000            2001
1995/96  1997   1998
                    Hochschule Zittau/Görlitz (FH)
```

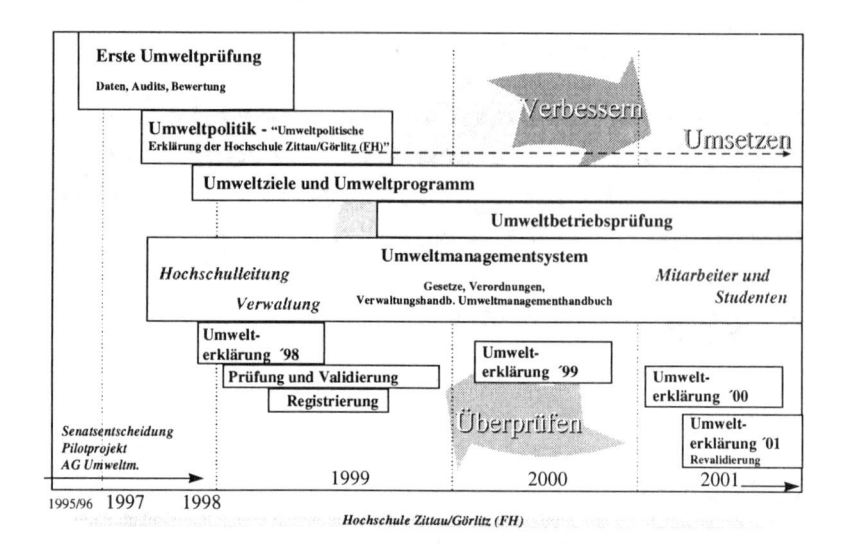

## Die Rolle der Hochschulleitung

Die Verordnung (EWG) Nr. 1836/93 des Rates vom 29. Juni 1993 über die freiwillige Beteiligung gewerblicher Unternehmen an einem Gemeinschaftssystem für das Umweltmanagement und die Umweltbetriebsprüfung" fordert von der obersten Leitung eine klare Entscheidung für die Teilnahme am System. Dabei muss diese das Umweltmanagementsystem periodisch hinsichtlich des Erreichungsgrades bewerten und bei Abweichungen vorgegebener Ziele oder organisatorischer Veränderungen Anpassungen oder Korrekturen vornehmen. Dadurch werden für alle Mitarbeiter Ernsthaftigkeit und Glaubwürdigkeit des Umweltmanagementsystems dokumentiert. Das Rektoratskollegium als Leitungsgremium der Hochschule Zittau/Görlitz (FH) hat durch die Bereitstellung entsprechender Mittel und Logistik die technischen-administrativen Voraussetzungen für die Einführung und für die Aufrechterhaltung eines Umweltmanagementsystems geschaffen.

## Einbindung des Umweltschutzes in die Hochschulstruktur

Mit der Benennung des Beauftragten für Umweltmanagement und die Eingliederung einer Arbeitsgruppe in die Hochschulstruktur (Stabsstelle bei der Hochschulleitung) waren die organisatorischen Voraussetzungen gegeben.

## Aktive Studentenbeteiligung

Mit Beginn der ersten Umweltprüfung hat die Hochschule versucht, das kreative Potential der Studierenden durch ihre aktive Beteiligung und gestalterische Mitwirkung in alle Arbeitsschritte einzubeziehen. Vor allem Studierenden des Studienganges „Ökologie und Umweltschutz" wurde die Möglichkeit gegeben, erste Fähigkeiten und Erfahrungen in der praktischen Herangehensweise bei der Einführung eines Umweltmanagementsystems zu sammeln. Die Einbindung bei der ersten Umweltprüfung und auch in den Prozess der Aufrechterhaltung erfolgt in Form von Studien- bzw. Belegarbeiten und im Rahmen hilfswissenschaftlicher Verträge. Die Erfahrungen dieser Vorgehensweise haben gezeigt, dass Studenten, die im Rahmen von hilfswissenschaftlichen Tätigkeiten während einer längeren zusammenhängenden Phase aktiv beim Aufbau und der Aufrechterhaltung des Umweltmanagementsystems mitgewirkt haben und sich dadurch praktische Fähigkeiten aneignen konnten, erwartungsgemäß einen großen persönlichen Nutzen für ihre beruflichen Perspektiven erreichen konnten.

## Interdisziplinäre Arbeit

Umweltmanagementsysteme stellen keine Insellösungen dar, sondern sind als ein integriertes Instrument einer zukunftsfähigen Unternehmensführung in einer umwelt- und zukunftsorientierten Hochschule mit den verschiedenen Managementinstrumenten wie Finanzcontrolling, Personalcontrolling, Qualitätsmanagement, Arbeits- und Anlagensicherheit, Energiemanagement u. a. m. sachgerecht zu verbinden. Die Einführung eines Umweltmanagementsystems zwingt zu einer ersten Bestandsaufnahme und macht somit alle zusammenhängenden und tangierenden Bereiche transparent. Es wird oft sichtbar, daß Defizite bereits erkannt und Lösungsansätze vorhanden, aber unstrukturiert und nur einzelnen zugänglich oder bewußt sind.

Die interdisziplinäre Arbeit muß daher sowohl auf Verwaltungsebene als auch auf wissenschaftlicher Ebene durchgesetzt werden. Diese geschieht im Verwaltungsbereich zum einen durch die Zusammenarbeit der verschiedenen Verwaltungsbereiche wie Technische Verwaltung, Arbeitssicherheit und Personal- und Studentenverwaltung als auch im wissenschaftlichen Bereich durch konkrete Projektarbeit in den Fachbereichen. Ein Projekt der Hochschule Zittau/Görlitz ist hier der Aufbau eines umfassenden Umweltinformations- und Kommunikationssystems für die Hochschule.

## Umweltforschung

Etwa 25 % der Forschungsvorhaben der Hochschule beschäftigen sich mit Themen aus dem Komplex des Umweltschutzes. Umweltrelevante Handlungsfelder und Forschungsschwerpunkte der Hochschule Zittau/Görlitz liegen in den Bereichen:
- Bauen und Umwelt
- Energie und Umwelt
- Nukleare Sicherheit und Umwelt und Ressourcenforschung

Forschungsergebnisse und das vorhandene Know-how können direkt an der Hochschule genutzt und umgesetzt werden.

## Entwicklung des Umweltmanagements

In der zum Öko-Audit gehörenden ersten Umweltprüfung und weiterführenden ständigen Überprüfung wurden in den vergangenen 3 Jahren eine Reihe von Problemen offengelegt. Damit wird das Ziel verfolgt, die Umweltauswirkungen der Hochschule zu reduzieren und Ansatzpunkte für eine kontinuierliche Verbesserung des betrieblichen Umweltschutzes zu finden und diese umzusetzen.

Die Hochschule Zittau/Görlitz (FH) betrachtet die Validierung und die Registrierung ihres Umweltmanagementsystems als ersten Schritt zur Verbesserung des Umweltschutzes und kennt die Schwerpunkte für die zukünftige Arbeit.

Zusammengefasst stellen die Umweltziele und der Weg zu deren Umsetzung im Umweltprogramm die Entwicklung für die nächsten Jahre dar und definiert den Handlungsbedarf:

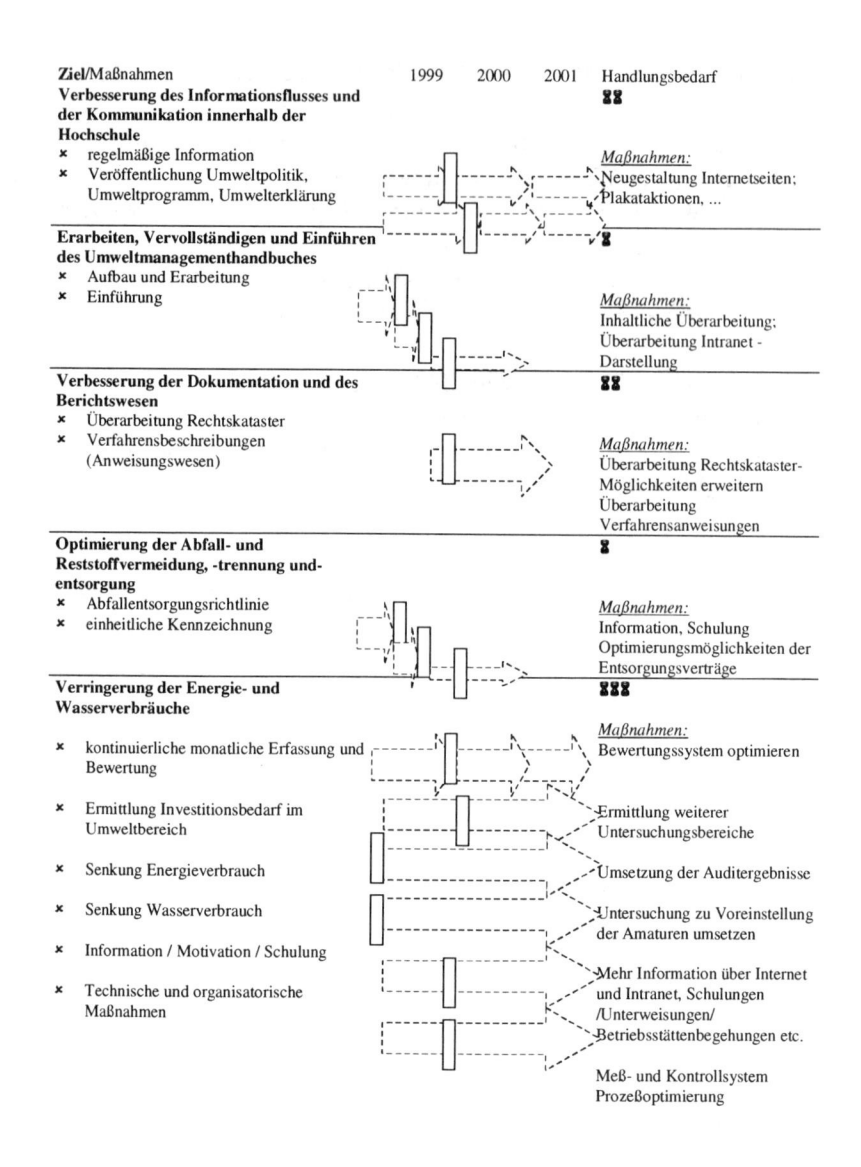

# Umweltmanagement an Hochschulen

| Ziel/Maßnahmen | 1999 | 2000 | 2001 | Handlungsbedarf |
|---|---|---|---|---|
| **Verbesserung des Informationsflusses und der Kommunikation innerhalb der Hochschule** <br> × regelmäßige Information <br> × Veröffentlichung Umweltpolitik, Umweltprogramm, Umwelterklärung | | | | **xx** <br> *Maßnahmen:* <br> Neugestaltung Internetseiten; Plakataktionen, ... |
| **Erarbeiten, Vervollständigen und Einführen des Umweltmanagementhandbuches** <br> × Aufbau und Erarbeitung <br> × Einführung | | | | **x** <br> *Maßnahmen:* <br> Inhaltliche Überarbeitung; Überarbeitung Intranet - Darstellung |
| **Verbesserung der Dokumentation und des Berichtswesen** <br> × Überarbeitung Rechtskataster <br> × Verfahrensbeschreibungen (Anweisungswesen) | | | | **xx** <br> *Maßnahmen:* <br> Überarbeitung Rechtskataster-Möglichkeiten erweitern <br> Überarbeitung Verfahrensanweisungen |
| **Optimierung der Abfall- und Reststoffvermeidung, -trennung und entsorgung** <br> × Abfallentsorgungsrichtlinie <br> × einheitliche Kennzeichnung | | | | **x** <br> *Maßnahmen:* <br> Information, Schulung <br> Optimierungsmöglichkeiten der Entsorgungsverträge |
| **Verringerung der Energie- und Wasserverbräuche** | | | | **xxx** |
| × kontinuierliche monatliche Erfassung und Bewertung | | | | *Maßnahmen:* <br> Bewertungssystem optimieren |
| × Ermittlung Investitionsbedarf im Umweltbereich | | | | Ermittlung weiterer Untersuchungsbereiche |
| × Senkung Energieverbrauch | | | | Umsetzung der Auditergebnisse |
| × Senkung Wasserverbrauch | | | | Untersuchung zu Voreinstellung der Amaturen umsetzen |
| × Information / Motivation / Schulung | | | | Mehr Information über Internet und Intranet, Schulungen /Unterweisungen/ Betriebsstättenbegehungen etc. |
| × Technische und organisatorische Maßnahmen | | | | Meß- und Kontrollsystem Prozeßoptimierung |

# Europäischer Öko-Audit-Standard — 127

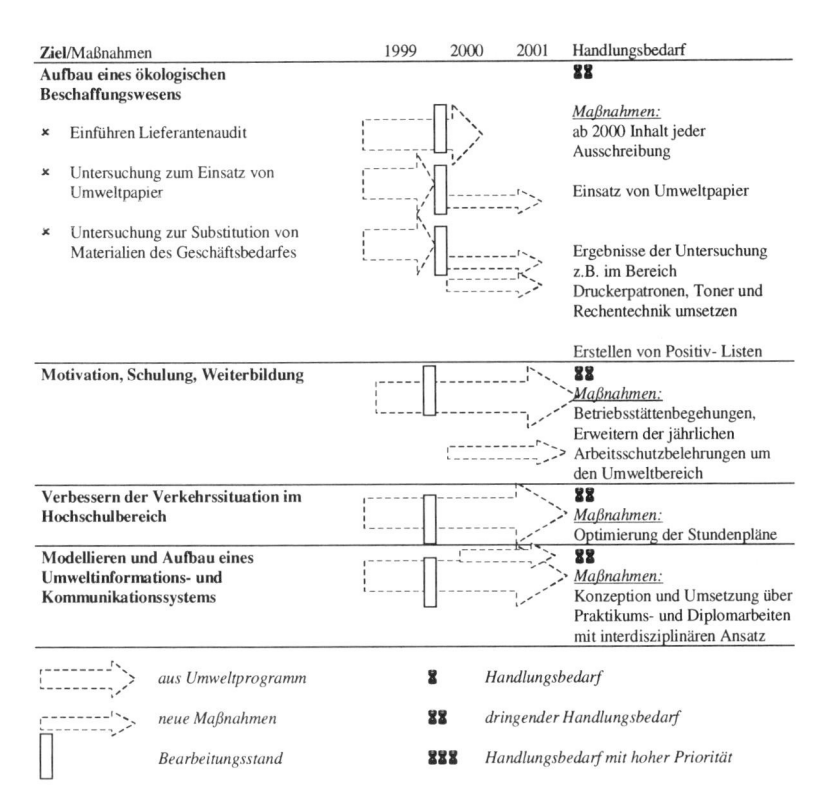

| Ziel/Maßnahmen | 1999 | 2000 | 2001 | Handlungsbedarf |
|---|---|---|---|---|
| **Aufbau eines ökologischen Beschaffungswesens** | | | | ✱✱ |
| ✗ Einführen Lieferantenaudit | | | | *Maßnahmen:* ab 2000 Inhalt jeder Ausschreibung |
| ✗ Untersuchung zum Einsatz von Umweltpapier | | | | Einsatz von Umweltpapier |
| ✗ Untersuchung zur Substitution von Materialien des Geschäftsbedarfes | | | | Ergebnisse der Untersuchung z.B. im Bereich Druckerpatronen, Toner und Rechentechnik umsetzen |
| | | | | Erstellen von Positiv-Listen |
| **Motivation, Schulung, Weiterbildung** | | | | ✱✱ *Maßnahmen:* Betriebsstättenbegehungen, Erweitern der jährlichen Arbeitsschutzbelehrungen um den Umweltbereich |
| **Verbessern der Verkehrssituation im Hochschulbereich** | | | | ✱✱ *Maßnahmen:* Optimierung der Stundenpläne |
| **Modellieren und Aufbau eines Umweltinformations- und Kommunikationssystems** | | | | ✱✱ *Maßnahmen:* Konzeption und Umsetzung über Praktikums- und Diplomarbeiten mit interdisziplinären Ansatz |

|  |  |  |  |
|---|---|---|---|
| ⇢ | aus Umweltprogramm | ✱ | Handlungsbedarf |
| ⇢ | neue Maßnahmen | ✱✱ | dringender Handlungsbedarf |
| ▯ | Bearbeitungsstand | ✱✱✱ | Handlungsbedarf mit hoher Priorität |

## Erzielte Ergebnisse

Die Auswertung aller Daten für das Jahr 1999 hat ergeben, dass gerade im Energiebereich dringender Handlungsbedarf besteht, wie aus folgenden Abbildungen hervorgeht:

**Gesamtverbrauch Wärmeenergie in MWh**

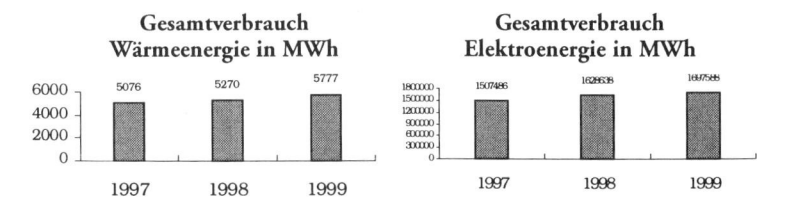

| 1997 | 1998 | 1999 |
|---|---|---|
| 5076 | 5270 | 5777 |

**Gesamtverbrauch Elektroenergie in MWh**

| 1997 | 1998 | 1999 |
|---|---|---|
| 1507486 | 1628638 | 1697588 |

Gründe liegen neben den steigenden Studentenzahlen vor allem in der schlechten energetischen Gebäudesubstanz des im Jahr 1999 in Betrieb genommen Laborkomplexes (in ehemaligen Panzerhallen der NVA).

Im Bereich des Elektroenergiverbrauches entfallen auf diesen Gebäudekomplex immerhin 14 % und bei der Wärme 32 % des Gesamtverbrauches der Hochschule. Nach ersten beispielhaften Berechnungen einer kombinierten Investitionsmaßnahme für Fenster und die Außenwanddämmung des Gebäudekomplexes ist mit einer jährlichen Einsparung von 657,8 MWh Wärmeenergie, also ca. 11 % des Gesamtverbrauches der Hochschule, bei einer Amortisationszeit von ca. fünf Jahren vorstellbar.

Neben solchen technisch-wirtschaftlichen Maßnahmen müssen in den nächsten Jahren auch organisatorische Maßnahmen umgesetzt werden, die auch Einsparpotentiale von ca. 10 % enthalten, um die gesetzten Umweltziele auch zu erreichen.

### Weitere Informationen

Alle Informationen zum derzeitigen Stand der Hochschule Zittau erhalten Sie in der vereinfachten Umwelterklärung 1999 und 2000 auf unseren Internetseiten unter: http://www.hs-zigr.de/verwaltung/ag-um/

Angela Prangen

# Praktische Erfahrungen bei der Umsetzung von umweltorientierten Konzepten im Krankenhaus am Beispiel des Universitätsklinikums Benjamin Franklin der Freien Universität Berlin

## Einführung

Das Universitätsklinikum Benjamin Franklin (UKBF) ist eines der zwei Berliner Universitätsklinika. Es ist Teil der Freien Universität Berlin, während das andere Klinikum, die Charitè, zur Berliner Humboldt-Universität gehört.

Die Geschichte des UKBF ist untrennbar mit der Geschichte der damaligen Teilung Berlins verbunden. Der Westteil Berlins hatte keine medizinische Fakultät, da die Charitè im Ostteil der Stadt lag. So entschloss man sich 1958 zum Bau eines eigenen Klinikums. Mit amerikanischer Unterstützung wurde es errichtet und ging 1968/69 in Betrieb.

Die kompakte Bauweise war neu für Deutschland: Pflege und Behandlung, Lehre und Forschung, Technik und Verwaltung unter einem Dach. Dies birgt viele Vorteile, aber auch Nachteile, die sich besonders bei der Umsetzung neuer Ideen bemerkbar machen.

Inzwischen ist aus dem Klinikum ein Fachbereich Humanmedizin entstanden, dem neben dem UKBF noch die Zahnklinik, die Psychiatrische Klinik, das ehemalige US-Hospital und etliche Forschungsinstitute angehören.

*Abb. 1: Luftaufnahme des UKBF*

Das UKBF ist eine Klinik der Maximalversorgung und Unfallschwerpunktkrankenhaus. Ursprünglich für 1354 Betten konzipiert ist auf Grund vorgeschriebener Bettenreduzierungen zur Zeit ein Bestand im Stammhaus von 1125 Betten. Weitere Reduzierungen sind zu erwarten.

## Umweltschutzaufgaben der Krankenhäuser

### Gesetze, Verordnungen, Richtlinien / Umweltrelevante Anlagen und Prozesse / Beispiele für Umweltschutzmaßnahmen

Krankenhäuser sind große Dienstleistungsunternehmen und Großverbraucher von Ressourcen. Von ihnen gehen aufgrund der Vielfalt und Menge an Verbrauchsmaterialien, Untersuchungs- und Behandlungsmethoden diverse Umweltbelastungen aus.

Fortschritte in der Medizin, steigende Patientenzahlen, kürzere Liegezeiten, die Anwendung immer neuer Produkte und Verfahren haben das in letzter Zeit noch verstärkt.

Am Beispiel des UKBF sollen praktische Erfahrungen aus der Umweltschutzarbeit eines Krankenhauses vermittelt werden.

Durch den Betrieb so verschiedener Einrichtungen, wie Pflegestationen und Polikliniken, Nuklearmedizin und Strahlentherapie, Forschungslabore, Küche und Cafeteria, diverse technische Werkstätten, Fotolabore und Röntgenabteilung, Physiotherapie mit Bäderabteilung und Schwimmbad, Fuhrpark, Kesselhaus und Blockheizkraftwerk usw., ist die Palette der zu beachtenden Umweltbereiche nahezu komplett.

Folgende Aufgabenbereiche des Umweltschutzes sind integrativer Bestandteil des Umweltmanagements am UKBF:
- Abfallentsorgung
- Gewässerschutz
- Störfälle
- Immissionsschutz
- Naturschutz
- Gefahrgüter
- Gefahrstoffe

Die Bereiche Gentechnik, Strahlenschutz und Arbeitssicherheit unterliegen nicht dem eigentlichen Umweltrecht. Hier gibt es aber starke Berührungspunkte.

Priorität in der Umweltschutzarbeit des Klinikums besitzt, wie allgemein im Gesundheitswesen, die Abfallwirtschaft.

Vom Standpunkt der Entsorgung gesehen ist das Klinikum eine Mischung aus Hotelbetrieb und chemischer Fabrik mit einer Vielzahl von Problemen und Gefahrenpotentialen. Außer den normalen Entsorgungsanforderungen fallen in Krankenhäusern auf Grund der Infektionsgefahr und hygienischer Aspekte noch krankenhausspezifische Aufgaben an, die speziellen Abfallregelungen unterliegen, wie dem Bundesseuchengesetz (neu: Infektionsschutzgesetz), der LAGA-Richtlinie für den Umgang mit Abfällen im Gesundheitswesen, Hygiene-Richtlinien u. a.

So ist die Unterteilung der Abfälle nach dem Alphabet in A-, B-, C-, D- und E-Abfälle und die damit verbundene Festlegung der Entsorgungsanforderungen nur im Gesundheitswesen zu finden (vgl. LAGA Merkblatt, Mai 1991 „Entsorgung von Abfällen aus öffentlichen und privaten Einrichtungen des Gesundheitsdienstes"). Es ergeben sich folgende Anforderungen für die Entsorgung der Abfälle aus Krankenhäusern:

A-Abfälle   keine besonderen Entsorgungsanforderungen
B-Abfälle   besondere Entsorgungsanforderungen nur innerhalb des Krankenhauses
C-Abfälle   besondere Entsorgungsanforderungen innerhalb und außerhalb des Krankenhauses
D-Abfälle   besondere Entsorgungsanforderungen aus umwelthygienischer Sicht
E-Abfälle   besondere Entsorgungsanforderungen aus ethischer Sicht

Obwohl im UKBF gerade besonders in den letzten Jahren beachtliche Erfolge aufzuweisen sind, fallen jährlich noch immer rund 1 100 t hausmüllähnlicher Gewerbeabfall an, der beseitigt werden muss. Dazu kommen noch ca. 700 t Abfall zur Verwertung sowie ca. 90 t Sonderabfälle.

Aber auch der Energie- und Wasserverbrauch und die Abwasserbelastung sind wichtige Betätigungsfelder des Umweltschutzes im Krankenhaus. Die in der Literatur als Umweltbelastungen (tägliche Belastung pro Patient) durch den Krankenhausbetrieb genannten Kennzahlen lassen sich auf folgende Werte verdichten:

Abfallaufkommen       ca. 5 kg
Wasserverbrauch       ca. 600 Liter (Trinkwasserqualität)
Wärmeenergieverbrauch ca. 80 kWh
Stromverbrauch        ca. 30 kWh

Im Bewusstsein ihrer Verantwortung für Gesundheit und Umwelt hat das Gesundheitswesen in vieler Hinsicht eine Vorreiterrolle übernommen und trägt durch vielfältige Maßnahmen zur Verringerung der Umweltbelastungen bei. Beispiele für Umweltschutzmaßnahmen am UKBF sind folgende Aktivitäten.
- Wertstoffsammlung in allen Krankenhausbereichen
- Aufbereitung von Anti-Thrombosestrümpfen
- Mehrweg-Patientenunterlagen
- Xyloldestillation
- Chemikalienbörse
- Möbelbörse
- Getränke-Zapfanlagen
- Eigendesinfektion des infektiösen Mülls
- Umstellung auf quecksilberfreie Fieberthermometer
- Fixierbadspargeräte
- Abschaffen der Wasser-Durchlaufkühlungen
- Schrittweiser Einbau von Sparspültasten
- Verwenden chlorfreier Wasch- und Reinigungsmittel
- Baumkataster

Maßnahmen, für die der Ökonomie-/Ökologie-Vergleich ein möglichst positives ökonomisches Ergebnis ausweist und die kurzfristig umsetzbar sind, haben auch in Krankenhäusern die größten Chancen. Daneben sind aber auch Maßnahmen erforderlich, die aufgrund vorgegebener gesetzlicher Umweltschutzbestimmungen durchgesetzt werden müssen, obwohl sie eine finanzielle Belastung für das Unternehmen darstellen.

Waren es in früheren Jahren eher isolierte und sporadisch durchgeführte Aktivitäten, die spontan aus der Notwendigkeit heraus realisiert wurden, hat sich in den letzten Jahren das konzeptionelle Arbeiten als notwendig erwiesen. Seit 1996 werden von der Berliner Landesregierung Abfallwirtschaftskonzepte abgefordert, so auch von Krankenhäusern mit bestimmtem Abfallanfall. Für die Erarbeitung der Konzepte wurde ein Branchenleitfaden „Betriebliches Abfallwirtschaftskonzept für Krankenhäuser" herausgegeben, an dem unser Haus mitgewirkt hat. In ihm sind Vorgaben für Form und Umfang dieser Konzepte enthalten.

Aus dem Konzept des UKBF resultierten kurz-, mittel- und langfristig zu realisierende Maßnahmen. Auf der Grundlage dieses Abfallwirtschaftskonzeptes wurde im UKBF ein Entsorgungskonzept erarbeitet, das die gesamte Entsorgungspraxis des Unternehmens festschreibt.

Eines der „Geheimnisse" unserer Erfolge auf abfallwirtschaftlichem Gebiet ist die Erkenntnis, dass das genannte Konzept nur den Rahmen abstecken kann und nach einer gründlichen Analyse Ausgangspunkt für individuelle Anpassungen ist. Denn aufgrund der bereits genannten vielseitigen Funktionsbereiche werden an die Entsorgung unterschiedliche Anforderungen gestellt. Außerdem werden im UKBF die Mitarbeiter der betreffenden Bereiche von Anfang an aktiv einbezogen. Konzepte allein bewegen gar nichts.

Eine weitere Voraussetzung für den Erfolg von Umweltschutzmaßnahmen ist neben dem Engagement der Mitarbeiter vor allem die positive Einstellung der Unternehmensleitung zum Umweltschutz.

## Umweltschutz als Unternehmensziel

### Positionierung der Unternehmensleitung / Vergleich Ökonomie und Ökologie

Das Hauptanliegen der Krankenhäuser ist die Gesunderhaltung und -werdung der Menschen. Da der Arzt nach einem alten Grundsatz nicht selber Urheber von Krankheiten sein soll, ist ökologisches Handeln im Krankenhaus eine besondere Verpflichtung und logische Konsequenz. Die Ziele des Umweltschutzes lassen sich somit erfolgreich mit denen des Gesundheitswesens kombinieren.

Umweltschutz stellt eine Maßnahme zur *Gesundheitsvorsorge* dar und ist dadurch untrennbar mit dem Unternehmen „Krankenhaus" verbunden. So verwundert es nicht, dass besonders von Krankenhäusern beispielhafte Initiativen ausgehen und die Motivation für Umweltschutzmaßnahmen hier besonders stark vertreten ist. Somit steht neben der gesetzlichen auch die moralische Verpflichtung und die Vorbildwirkung.

Ökologische Optimierung des Krankenhausbetriebes ist keine Utopie mehr. Das setzt aber die Identifizierung der Krankenhausleitung mit dem Anliegen des Umweltschutzes voraus. Daher ist der Umweltschutz neben der Aufgabe einer humanen und wirtschaftlichen Patientenversorgung als Unternehmensziel gleichwertig zu verankern. Die Installation eines *Umweltmanagementsystems* im Unternehmen ist hierbei hilfreich, aber nicht zwingend.

Die Unternehmensleitung des UKBF ist dem Umweltschutz gegenüber aufgeschlossen und unterstützt ihn. So wurde in dem vom Klinikumsvorstand kürzlich zur Diskussion gestellten *Leitbild* die Verpflichtung des Unternehmens formuliert, dass der Schutz der Umwelt eine hohe Priorität im Klinikalltag besitzt und mit den anvertrauten Gütern kosteneffektiv und bewusst umzugehen ist. Auch die Bestellung eines Umweltschutzbeauftragten über das gesetzlich Geforderte hinaus ist als faktische Verpflichtung zu verstehen, den Umweltschutz als Unternehmensaufgabe anzuerkennen. Aber eine explizit formulierte Umweltpolitik und Umweltleitlinien existieren noch nicht. Hauptgrund hierfür ist die gegenwärtig allgemein schlechte finanzielle Situation im Gesundheitswesen und die speziellen Probleme des UKBF. Man hat gegenwärtig andere Sorgen, als an den Umweltschutz zu denken. In Zeiten knapper Kassen hat die Ökonomie absoluten Vorrang.

Folglich sind Umweltschutzmaßnahmen, die Kosten verursachen bzw. deren wirtschaftlicher Effekt erst in einigen Jahren eintritt, schwerer durchsetzbar. Daher gilt es, sich folgende Rahmenbedingung immer zu vergegenwärtigen: Einen Umweltschutz um jeden Preis kann es nicht geben; denn Umweltschutz kann nicht losgelöst von ökonomischen Zwängen realisiert werden.

## Organisieren der Umweltschutzarbeit

### Umweltbeauftragte / Stabsstelle oder Linienfunktion? / Koordinierung der Umweltarbeit / Umweltmanagement

Zur Erfüllung von Umweltschutzaufgaben werden mit zunehmender Tendenz in den Krankenhäusern Mitarbeiter benannt, die sich gezielt mit der Umweltthematik befassen können. Denn als Nebenjob ist, abhängig von der Größe des Unternehmens, Umweltschutz meist nicht mehr zu betreiben.

Ob diese Tätigkeit dann intern oder extern, haupt- oder nebenamtlich, als Stabsstelle oder in Linienfunktion ausgeübt wird und wie sich diese Mitarbeiter nennen (Umweltreferent, Klinikökologe, Umweltkoordinator, Umweltmanager ...), ist nicht geregelt, aber auch nicht entscheidend. Im UKBF wird die Bezeichnung „Umweltschutzbeauftragter" verwendet. Der Begriff „Umweltschutzbeauftragter" ist bekanntlich gesetzlich nicht fixiert. Man verbindet damit aber auch im Krankenhaus meist die Arbeit des Abfall-, Immissionsschutz- und Gewässerschutzbeauftragten. Je nach Größe und Aufgabenumfang des Krankenhauses ist die behördliche Einzelbestellung des Beauftragten vorgeschrieben. Man kann davon ausgehen, dass jedes Krankenhaus zumindest einen Abfallbeauftragten bestellt hat, wenn auch nicht immer hauptamtlich und in Stabsstellung wie im UKBF.

Daneben existieren in einigen Krankenhäusern wie dem UKBF weitere direkt oder indirekt im Umweltschutz tätige Mitarbeiter wie Energiebeauftragter, Strahlenschutzbeauftragter, Sicherheitsingenieure, Hygienekräfte. Im UKBF sind diese Mitarbeiter in den unterschiedlichsten Unternehmensbereichen eingeordnet. Ihre Aktivitäten konzentrieren sich häufig nur auf das eigene Aufgabengebiet. Eine übergeordnete Koordination findet in der Regel nicht statt. Die Zusammenarbeit ist schwierig und funktioniert meist nur aufgrund persönlicher Interessen und Sympathien.

Gut sind die Häuser beraten, die aus dem Erkennen der Bedeutung des Umweltschutzes Stabsstellen für die Umweltschutzarbeit eingerichtet haben und deren Arbeit als Organisationseinheit gewährleisten. Hierbei sollte die Verantwortung für den Umweltschutz in die Hände eigener Mitarbeiter und nicht in die eines fremden Unternehmens gelegt werden, da nachweislich die Akzeptanz gegenüber hauseigenen Umweltschutzmitarbeitern größer ist, ebenso die Identifikation mit erzielten Erfolgen und die Motivation für weitere Vorschläge.

Im UKBF ist seit dem 01.08.1992 die Stelle eines Umweltschutzbeauftragten als modifizierte Stabsstelle installiert (mittlere Leitungsebene mit Fachaufsicht). Die Absicht zur Schaffung einer Organisationseinheit „Umweltschutz" und ihre eventuelle Verknüpfung mit der Arbeitssicherheit wurde vor einigen Jahren fallengelassen. Da die Umweltschutzarbeit nicht durch eine Person allein zu bewältigen ist, wurden interessierte Mitarbeiter gewonnen. Diese Mitstreiter finden sich in der täglichen Arbeit des Beauftragten. Sehr wichtig und wirkungsvoll ist hierbei die Qualifizierung, Fort- und Weiterbildung der Mitarbeiter des UKBF auf dem Gebiet des Umweltschutzes:

- Regelmäßig werden Schulungen angeboten einschließlich Betriebsführungen.
- Neuen Mitarbeitern werden bei ihrer Arbeitseinweisung Kenntnisse des betrieblichen Umweltschutzes vermittelt.
- In den Meetings der Pflegekräfte werden aktuelle Umweltthemen behandelt.
- Zum Tag der offenen Tür wird über „Umweltschutz im Klinikalltag" informiert.

- Zu Umwelt-Gedenktagen wie dem „Tag des Wassers" wurden Info-Stände errichtet.
- In Umwelt-Infos wird über spezielle Umweltthemen informiert, ebenso in der Klinikpresse.
- Der Umweltschutz ist auch in den Informationsbroschüren für Patienten und Mitarbeiter enthalten.

Oft werden Umweltschutzkommissionen empfohlen. Dazu gibt es inzwischen unterschiedliche Meinungen, weil die Erfahrung lehrt, dass durch derartige Kommissionen mitunter auch viel zerredet und wenig bewegt wird. Die Tätigkeit einzelner kleiner Arbeitsgruppen in speziellen Bereichen, die sich dann mit dem Umweltschutzbeauftragten abstimmen, sind mitunter effektiver, da sie die speziellen Belange vor Ort besser kennen. Dagegen hat sich die Tätigkeit einer Einkaufskommission unter Mitwirkung des Umweltschutzbeauftragten im UKBF bewährt.

## Umweltbetriebsprüfungen, Zertifizierung, Wettbewerb

### Vorarbeiten / Hemmnisse

Recherchen zur Geschichte der Umweltschutzarbeit im UKBF haben ergeben, dass seit der Inbetriebnahme des Klinikums (1969) sich ca. alle zehn Jahre wesentliche Veränderungen vollzogen haben:

| | |
|---|---|
| 1969/70 | Inbetriebnahme des Klinikums einschl. Entsorgungshof |
| 1981/82 | Optimierung der Trennung Müll/Wertstoffe/Sonderabfälle |
| 1992 | Einstellen eines Umweltschutzbeauftragten, Erweiterung der Umweltarbeit auf Umweltthemen außerhalb des Abfallsektors |

Daher wäre es nur logisch, wenn in der nächsten Zeit die Zertifizierung unseres Hauses in Sachen Umweltschutz ins Auge gefasst würde. Erste Schritte auf diesem Weg sind bereits 1997 vorbereitend unternommen worden, indem auf unsere Anregung hin im Rahmen einer Diplomarbeit am Fachbereich Wirtschaftswissenschaften der Freien Universität Berlin *„Möglichkeiten eines Umweltmanagementsystems im Krankenhausbetrieb – eine Untersuchung am Beispiel des UKBF"* untersucht wurden. In dieser Arbeit wird festgestellt, dass im UKBF gute Ansätze im Bereich des betrieblichen Umweltschutzes vorhanden sind. Diese beruhen aber in erster Linie auf dem Engagement einzelner Mitarbeiter. Besonders gut organisiert ist die Abfallstrecke, die daher auch wenig Spielraum für weitere Verbesserungen hat. Reserven liegen auf dem Energie- und Wassersektor sowie der Organisation des Umweltschutzes. Um hier entscheidend wirksam werden zu können, müssen Veränderungen in der Organisationsstruktur vorgenommen werden. Die Einführung eines Umweltmanagementsystems nach Öko-Audit-Verordnung wird empfohlen, mit oder ohne Zertifizierung.

Neben dem externen Nutzen wird auch ein interner Nutzen genannt, der durch die bessere Kommunikation und Kooperation zwischen den einzelnen Verantwortungsbereichen des Klinikums zu erzielen ist. Außerdem werden positive Effekte auf die Motivation der Mitarbeiter und sogar auf die Bewertung des UKBF durch die Patienten erwartet. So logisch dieses Ergebnis auch klingt, werden wir, zumindest gegenwärtig, dieser Empfehlung nicht entsprechen bzw. entsprechen können.

Die Umwelt-Auditierung gemäß EG-Öko-Audit-Verordnung muss aus folgenden Gründen zurückgestellt werden:
- aus eigener Kraft nicht durchführbar
- hohe finanzielle Belastung durch externe Mitarbeit
- Fördermittel nur für KMU
- Kosten-Nutzen-Verhältnis unsicher
- kein kurzfristiger Nutzen absehbar
- personalintensiv
- großer Zeitaufwand

Außerdem erscheint die Auditierung sehr bürokratisch und den derzeitigen Problemen des Gesundheitswesens wenig angepasst. Wir halten unter den gegenwärtigen Bedingungen die Einbindung des Umweltschutzes in das Qualitätsmanagement für effektiver.

Im UKBF wurde ein Qualitätsprogramm entwickelt (M U M), das sieben Bausteine umfasst und dessen Ziel die Verbesserung der Qualität im Krankenhaus ist. Gegenwärtig werden die unterschiedlichen Krankenhausbereiche bezüglich ihres Anteils an der Qualität analysiert. Auch der Umweltschutz ist ein Qualitätskriterium und soll demzufolge in die Bausteine integriert werden.

**MONITORING EVALUATION und MANAGEMENT der Qualität**

| 7 Problem analysen | 2 Aus-/Fort-/ Weiterbildung | 6 Ressourcen | 5 Risiko- bereitschaft | 4 Über- prüfung |
|---|---|---|---|---|
| | | 3 Kompetenzen | | |
| | 1 Standardentwicklung | | | |

**DAS QUALITÄTSPROGRAMM IM UKBF**

Copyright by UKBF • QE Pflege (Roes, M.) akt. Stand: Nov. '98

*Abb. 2: MUM – Das Qualitätsprogramm des UKBF*

Viele Krankenhäuser arbeiten in dieser oder ähnlicher Form an der Verbesserung ihrer Qualität. Aber wir können mit Recht stolz sein, dass wir in dieser Hinsicht einen großen Vorlauf besitzen, da wir bereits vor ca. acht Jahren mit diesem Thema begonnen haben.

Vor kurzem wurde durch die Deutsche und die Berliner Krankenhausgesellschaft über das Projekt zur „Zertifizierung von Krankenhäusern" informiert, das von den Krankenkassenverbänden und der Bundesärztekammer initiiert worden ist. Ziel dieses Projektes ist die Entwicklung eines krankenhausspezifischen Zertifizierungsverfahrens. Zu dessen Realisierung wurde als projektsteuernde Gruppe die „Kooperation für Transparenz und Qualität im Krankenhaus (KTQ)" gegründet. Gegenwärtig werden umweltrelevante Qualitätsziele und -merkmale geprüft, die in den Kriterienkatalog zur Zertifizierung von Krankenhäusern einfließen sollen.

Josef Noeke

# Integrierte Managementsysteme in Hochschulen – Umweltschutz, Qualität und Arbeitssicherheit

## Einleitung

Mit Blick auf Umweltschutz, Qualitätssicherung und Arbeitssicherheit bedeutet innovative Unternehmensführung, dass diese Aufgaben nicht reaktiv und nachsorgend, sondern vorsorgend und aktiv agierend angegangen werden. Ziel integrierter Managementsysteme ist es, qualitative, ökologische und sicherheitstechnische Aspekte systematisch und orientiert an konkreten betrieblichen Zielen umzusetzen und damit als umfassende Managementaufgabe zu begreifen. Diese Leitungs- und Steuerungsaufgaben stellen sich zunehmend mehr auch in Universitäten. Bezogen auf den Bereich des Umweltschutzes unterliegen auch die Hochschulen gegenwärtig einer starken Dynamik:

- Kein zweiter Rechtsbereich entwickelte sich in den letzten beiden Jahrzehnten so rasant wie der des Umweltrechts. Eine kaum mehr zu übersehende Vielzahl von Gesetzen und Verordnungen hat eine bedeutsame „Ökologie-Push-Wirkung" auch in Universitäten entfaltet.
- Hochschulangehörige haben ihr Verhalten im privaten Bereich (z. B. das Wegwerfverhalten von Abfällen) verändert; in der Universität erwarten sie nun ähnliche Verhaltensangebote.
- Zunehmend mehr Hochschulen benennen in ihren Leitlinien auch das Thema Umweltschutz, der damit eine stärkere ethische Begründung erfährt.
- Steigende Kosten etwa für Abfallbeseitigung oder Abwassereinigung machen es erforderlich, über kostenreduzierte Handlungsalternativen nachzudenken.

# Integrierte Managementsysteme — 143

- Ökologisch interessierte Studierende beziehen in die Entscheidungen über den Studienort auch ökologische Aspekte der „Alma Mater" mit ein.
- Besonders in Gemengelagen sind auch die Anwohner von Universitäten und Betrieben zunehmend kritischer und empfindsamer geworden; lokale und auch überörtliche Umweltgruppen fragen zum Teil detailliert nach. Schließlich wird eine als umweltfreundlich eingestufte Hochschule in der gesamten Öffentlichkeit sympathischer gesehen.
- Last not least werden an „hohe Schulen" besondere Anforderungen an den Umweltschutz in Forschung und Lehre gestellt.

„Gedrückt" oder „gezogen" haben sich Hochschulen angesichts dieses Spannungsverhältnisses zu verändern. Ähnliches gilt für die Arbeitssicherheit und vor allem für die Qualität des tertiären Bildungssektors. Knappe finanzielle staatliche Ressourcen haben die Diskussion um die Qualität von Forschung und Lehre beflügelt. Evaluierungen sind in vielen Hochschulen an der Tagesordnung.

Ziel des folgenden Beitrags ist es, die Notwendigkeit, die Vorgehensweise und den Nutzen von integrierten Managementsystemen in Hochschulen am Beispiel einer Fachgruppe als universitärem Subsystem zu beschreiben.

## Notwendigkeit eines hochschulbetrieblichen Managements

In der Fachgruppe „Mechanische Verfahrenstechnik und Umweltverfahrenstechnik" an der Universität Paderborn arbeiten gegenwärtig 20 wissenschaftliche Mitarbeiter. Das sind im wesentlichen Doktoranden, die öffentlich oder industriell geförderte Forschungsprojekte bearbeiten und die unterstützend in der universitären Lehre tätig sind.

## Fachgruppe Mechanische Verfahrenstechnik und Umweltverfahrenstechnik an der Universität Paderborn

| | |
|---|---|
| 20 | wissenschaftliche Mitarbeiter |
| 6 | nichtwissenschaftliche Mitarbeiter |
| 14 | studentische Hilfskräfte |
| 21 | Lehrveranstaltungen |
| 20 | Studienarbeiten/a |
| 10 | Diplomarbeiten/a |
| 5 | Doktorarbeiten/a |

| | |
|---|---|
| Büroflächen, Rechner- und Besprechungsräume: | 375 m² |
| 9 Laborräume: | 465 m² |
| Werkstatt, Versuchsstände, Lagerräume: | 470 m² |
| Drittmittel: | ca. 2 Mio. DM/a |

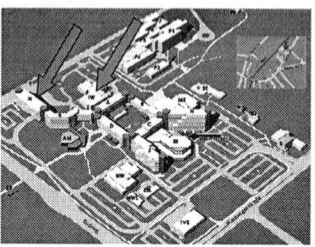

*Abb. 1: Ressourcen der Fachgruppe Verfahrenstechnik*

Leitung und Beschäftigte sind in verschiedenen Labor- und Büroräumen sowie Werkstätten und Versuchständen mit einer Gesamtfläche von rd. 1200 qm tätig. Hinzu kommen die von der Universität bereitgestellten Vorlesungs- und Seminarräume. Das Aufkommen aus Drittmitteln liegt bei ca. 2 Mio. DM pro Jahr. *Abbildung 1* skizziert die weiteren Flächen und personellen Ressourcen der Fachgruppe.

Inhaltlich beschäftigt sich die Fachgruppe mit Fragen von Strömungsfeldern in Mehrwellenrührwerken, der wissensbasierten Modellierung und Optimierung von Mischprozessen und der Rheologie von Flüssigdichtmitteln. In der *Schüttgut- und Mischtechnik* stehen Fragen der Hochleistungs-Komapaktierung, der Verweilzeit und Mischgüte in Mischern, des Vibrationsmischens und des Dosierens im Zentrum des Interesses.

Die *Umweltverfahrenstechnik* ist gekennzeichnet durch diese aktuellen Projekte:

- Rückstände in Mehrwegflaschen und Schaumzerstörung
- Energieversorgungskonzept in Dubna, Russland
- Entsorgungstechnik für Siedlungsabfälle in Indonesien
- Umweltmanagement bei IT-Herstellern und an Hochschulen
- Aufbereitung von Ölen und Fetten

Alle Forschungs- und Entwicklungsvorhaben werden in Rahmen einer Drittmittel-Finanzierung durch öffentliche und/oder private Institutionen gefördert.

## Besonderheiten der Fachgruppe Verfahrenstechnik

Die Aktivitäten der Fachgruppe lassen sich an Hand der beiden Kernprozesse Forschung und Lehre zusammenfassend beschreiben. *Abbildung 2* skizziert die materiellen und personellen Bestände, die in diesen Kernprozessen zum Einsatz kommen.

Im Zentrum des Umweltmanagementsystems stehen die „Produkte" der Fachgruppe. Von aus- und weiterbildenden Studierenden sowie über die Forschungs- und Entwicklungsergebnisse kann ein deutlich höheres Umweltentlastungspotential ausgehen, als von den „Prozessen", die durch ein vergleichsweise geringes ökologisches Belastungspotential gekennzeichnet sind.

Unter den Aspekten der Qualitätssicherung und der Arbeitssicherheit stehen dagegen die Prozesse im Mittelpunkt des Interesses. Menschen, Maschinen, Material und Methoden sollen arbeitsplatzübergreifend so zusammenwirken, dass sich das Ziel einer qualitativ hochwertigen Dienstleistung (Auftraggeber- und Studierendenzufriedenheit) mit einem angemessenen Ressourcenaufwand erreichen lässt.

**Inhalte eines integrierten Managementsystems in Universitäten
Kernprozesse, Bestände und „Produkte"**

|  | PROZESSE | | „PRODUKTE" |
|---|---|---|---|
| Kernprozesse | Bestände | | |
|  | Material | Personal | |
| **Lehre** | Vorlesung, Übung, Praktikum, Seminar, Beratung, Exkursion | **Räume** - Hörsaal / Büro - Labor / Werkstatt .... **Maschinen** - Versuchsstände - Anlagen .... **Stoffe / Energien** - Strom / Klima - Chemikalien - Abfall | Wissenschaftl. + nicht-wiss. **Mitarbeiter;** SHK, WHK ... **Beauftragte** - EDV / Verwaltung - Lehre - Praktika - Allgemeine Aufgaben | Absolventen, Diplomanden / Doktoranden, Habilitanten / Forschungsergebnisse - Publikation - Vortrag - Gutachten | Gesellschaft - öff. + priv. Betriebe |
| **Forschung** | Analyse, Versuche, Auswertung, Dokumentation | | | | |

Qualität   Arbeitssicherheit   Umwelt

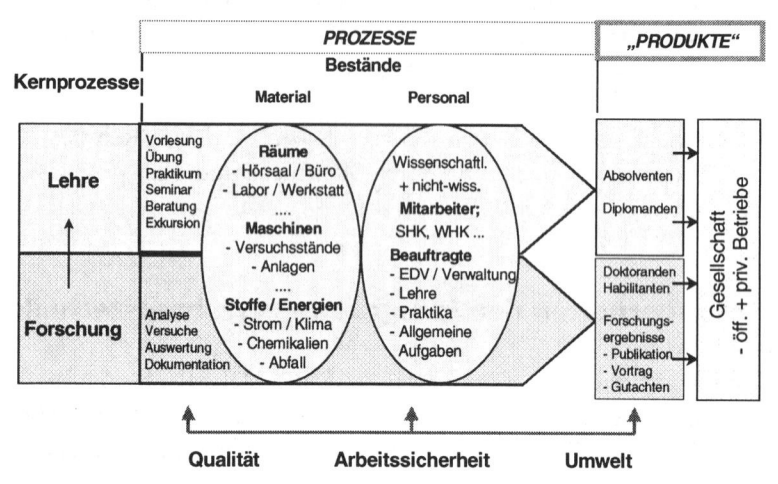

*Abb. 2: Kernprozesse und Produkte*

## Vorgehensweise bei erstmaligem Aufbau

Die Vorgehensweise zur Einrichtung eines integrierten Managementsystems, das die Aspekte Umweltschutz, Qualitätssicherung und Arbeitssicherheit einschließt, orientiert sich an diesen Arbeitsschritten, die parallel für die genannten Aufgabenbereiche erledigt werden können:

1. *Schritt*   als philosophische Grundlage:
   Erarbeitung und Verabschiedung einer Leitlinie mit Bezügen zu Umweltschutz, Qualitätssicherung und Arbeitssicherheit.
2. *Schritt*   zur Erhebung der Ist-Situation:
   Bestandsanalyse unter ökologischen, qualitätsorientierten und sicherheitsbezogenen Aspekten.
3. *Schritt*   zur Beschreibung des Handlungsbedarfs:
   Aktionsplan mit nach Dringlichkeit priorisierten Einzel-

Integrierte Managementsysteme 147

maßnahmen, u.a. um die im 2. Schritt ermittelten Handlungsdefizite auszugleichen.

**4. Schritt** zur Dokumentation von Strukturen und Prozessen:
Schriftliche Fixierung des Managementsystems mit Beschreibungen seines Aufbaus sowie der Abläufe in den Kernprozessen und in den unterstützenden Prozessen.

**5. Schritt** zur Überprüfung des gewählten Systems durch interne Auditoren:
Ergebnisse interner Audits werden dem Management zur Bewertung vorgelegt.

**6. Schritt** mit der Überprüfung des Systems durch einen externen Gutachter:
Stehen Philosophie sowie strategisches und operatives Handeln in Übereinstimmung mit den international gültigen Normen DIN EN ISO 9001 und 14001?

**7. Schritt** mit der Nutzung der erhaltenen Zertifikate in der Innen- und Außendarstellung.

**Vorgehensweise beim Aufbau eines integrierten Managementsystems**

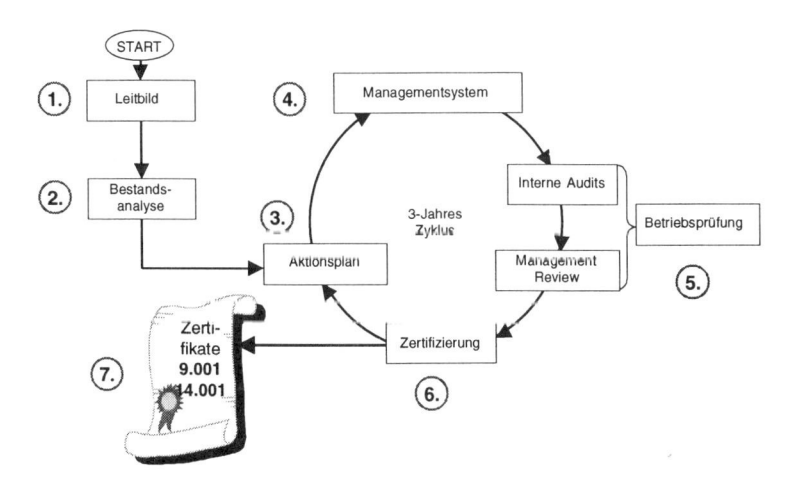

*Abb. 3: Schritte zum Aufbau und zur Implementierung*

## 1. Schritt:
## Formulierung einer Umwelt- und Qualitätspolitik

Umwelt- und qualitätspolitische Aussagen sind eher philosophische Leitlinien, die eine grobe Richtung für das umwelt- und qualitätsbezogene Handeln einer Organisation angeben. Auf nachfolgenden Umsetzungsstufen sind diese Aussagen weiter in messbare Ziele zu transferieren. Für den Aufbau von Managementsystemen drückt eine Politik zunächst noch allgemein geltende Wünsche der obersten Leitung aus, in welche grobe Richtung sich der Betrieb unter ökologischer und qualitativer Perspektive entwickeln sollte. Die Fachgruppe gab sich u.a. diese Leitsätze (Auszug):

„Wir wollen in der Forschung
- ... nach dem Motto „Fördern heißt fordern" handeln.
- ... eng und intensiv mit der Wirtschaft zusammenarbeiten.
- ... grundlegende Fragestellungen lösen, neue Produkte entwickeln, Schadensfälle klären sowie als Gutachter und Diskussionspartner aktiv sein.
- ... Firmen helfen, ihren Vorsprung in der Welt zu behaupten oder zu erreichen.
- ... unsere Ausbildung an künftigen Aufgaben orientieren."

Zunächst wurden in Rahmen eines Auftaktworkshops mittels eines Metaplan-gesteuerten Brainstorming Elemente für Fachgruppen-Leitlinien gesammelt. Eine zweite Quelle bestand in veröffentlichten Leitlinien, die private wie öffentliche Forschungs- und Bildungsbetriebe publiziert hatten. Dieser so entwickelte Entwurf wurde mit den Anforderungen der Norm abgeglichen, korrigiert und sodann von der Fachgruppenleitung angepasst. Weitere Diskussionen in einem mehrstündigen Qualitäts- und Umweltworkshop präzisierten die Aussagen. Schließlich wurden die Leitlinien von der Leitung in Kraft gesetzt und über diverse Kommunikationskanäle veröffentlicht. Die Umwelt-, Qualitäts- und Sicherheitspolitik bilden heute das erste Kapitel der DV-gestützten Management-Dokumentation.

## 1. Schritt: Formulierung einer Umwelt- und Qualitätspolitik

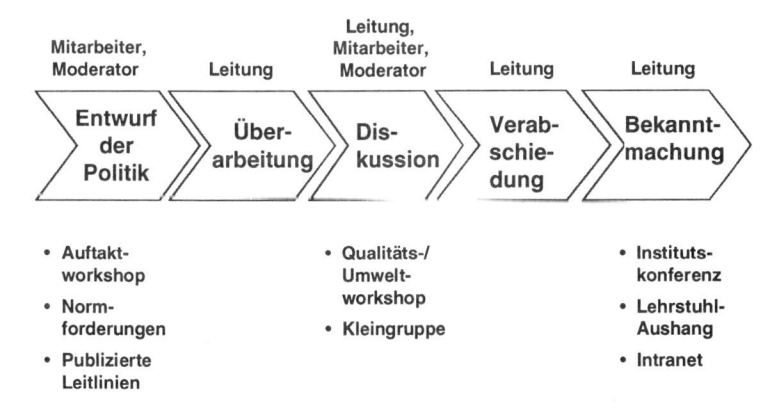

| Mitarbeiter, Moderator | Leitung | Leitung, Mitarbeiter, Moderator | Leitung | Leitung |
|---|---|---|---|---|
| Entwurf der Politik | Überarbeitung | Diskussion | Verabschiedung | Bekanntmachung |
| • Auftaktworkshop<br>• Normforderungen<br>• Publizierte Leitlinien | | • Qualitäts-/Umweltworkshop<br>• Kleingruppe | | • Institutskonferenz<br>• Lehrstuhl-Aushang<br>• Intranet |

*Abb. 4: Ablauf zur Entwicklung einer Qualitäts-, Umwelt- und Sicherheitspolitik*

## 2. Schritt: Durchführung der Bestandsanalyse

Von der allgemeinen Ebene der Politik ausgehend war sodann in einer Bestandsanalyse festzustellen, inwieweit etwa die ökologischen Leitsätze in der Fachgruppe bereits konkret umgesetzt werden. Diese interne Analyse aller umweltrelevanten Gegebenheiten wird in der DIN EN ISO 14.001 zwar nicht zwingend gefordert, aus praktischer Sicht erscheint sie jedoch sinnvoll, weil so eine empirisch begründete Basis für die Formulierung von betrieblichen Umweltschutz-Zielen oder für die Erarbeitung eines zielführenden Umweltmanagement-Konzeptes gewonnen wird.

Als Grundlagen für die Bestandsanalyse dienen i.d.R. Checklisten. Inhaltlich orientierte sich die Bestandsaufnahme an den „... mindestens zu behandelnden Gesichtspunkten", wie sie in der EG-Öko-Audit-Verordnung (Anhang I, Abschnitt C) vorgegeben werden; zu den Ergebnissen der ökologischen Bestandsanalyse zählen:

- eine Zusammenfassung der Auswirkungen aller *Tätigkeiten* auf die verschiedenen Umweltbereiche,
- ein Verzeichnis der einschlägigen gesetzlichen *Vorschriften* und Genehmigungsunterlagen sowie der internen Anweisungen,
- die Verbräuche an *Energie* (Strom, Gas, Wasser etc.), soweit sie durch Zähler erfasst werden,
- Daten zu *Frischwasser*verbrauch, *Abwasser*entsorgung und *Abfall*aufkommen,
- eine Bewertung der denkbaren *Lärm*belästigung,
- die Berücksichtigung ökologischer Aspekte bei der Auswahl neuer Verfahren,
- das umweltschonende Wirken von Auftragnehmern und Lieferanten,
- die Verhütung und Begrenzung umweltschädigender *Unfälle*,
- die umweltbezogene *Information* sowie *Aus- und Weiterbildung* der Beschäftigten und die
- *externe Information der Öffentlichkeit* über ökologische Fragestellungen.

## 2. Schritt:
## Durchführung der Bestandsanalyse

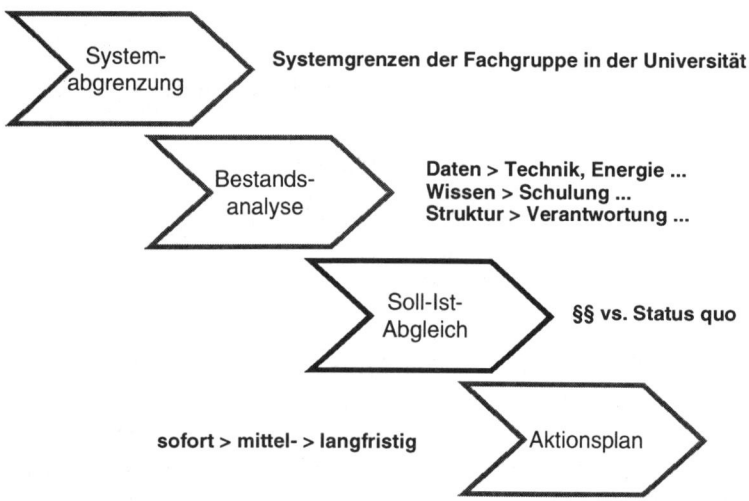

**Systemabgrenzung** — Systemgrenzen der Fachgruppe in der Universität

**Bestandsanalyse** — Daten > Technik, Energie ...
Wissen > Schulung ...
Struktur > Verantwortung ...

**Soll-Ist-Abgleich** — §§ vs. Status quo

sofort > mittel- > langfristig — **Aktionsplan**

*Abb. 5: Vorgehensweise bei der Bestandsanalyse*

Eine besondere Bedeutung hatte in diesem Teilschritt die Abgrenzung der Fachgruppe und die Definition der vielfältigen Schnittstellen etwa zum Fachbereich sowie zur Universitätsverwaltung. Der Geltungsbereich des Managementsystems war exakt zu beschreiben.

Im Labor und in den Werkstätten hatte der Umgang mit Gefahrstoffen, ein Handlungsfeld an der Schnittstelle zwischen Umweltschutz und Arbeitssicherheit, eine besondere Bedeutung.

Fotos erleichtern es, den Handlungsbedarf zu dokumentieren und zu erläutern. In der Regel kann mittels Fotos in der Präsentation der Ergebnisse der ökologischen Bestandsanalyse die Aufmerksamkeit sehr schnell und eindringlich auf konkrete Unzulänglichkeiten gelenkt werden. Überdies dürfen motivierende Beispiele positiven und richtigen Umweltverhaltens nicht fehlen. Die Bestandsanalyse darf nicht zu einem „oberlehrerhaften" Aufzeigen von Handlungsdefiziten degradiert werden.

### 3. Schritt: Aktionsplan der Fachgruppe Verfahrenstechnik

Beim Aktionsplan handelt es sich um das „Herz" des Umweltmanagementsystems. Er ist die Basis für den „Kontinuierlichen Verbesserungsprozess".

Der Aktionsplan ist explizites Element jeder Fachgruppenbesprechung, in der die Verantwortlichen über den Stand der Umsetzung „ihrer" Maßnahme berichten. Erledigte Maßnahmen werden in einem besonderen Kapitel des Aktionsplanes dokumentiert, um u.a. gegenüber dem externen Gutachter den „Kontinuierlichen Verbesserungsprozess" belegen zu können.

**Lagerung von wassergefährdenden Stoffen**

*Abb. 6: Dokumentation von Prüfergebnissen per Foto*

## 4. Schritt: Management-Dokumentation

Sollen Umweltschutz, Qualitätssicherung und Arbeitssicherheit wirkungsvoll betrieben werden, müssen diese Aspekte aus der Zuständigkeit einiger weniger engagierter Interessierter herausgelöst und zu einer erkennbaren Managementaufgabe aufgewertet werden. In einer Dokumentation werden die organisatorischen, personellen und instrumentellen Bedingungen zur Bewältigung dieser Aufgaben zusammengefasst. Damit werden die Strategien, Zuständigkeiten und Abläufe festgelegt, wie die Ziele prinzipiell zu erreichen sind.

Zudem werden die Funktionen des Umwelt- und Qualitätsbeauftragten hier deutlich gemacht. Weitere Kapitel des Handbuches enthalten rechtliche Vorschriften und Genehmigungsauflagen sowie alle umweltrelevanten Anlagen. Die routinemäßigen Kontrollen werden beschrieben. Schließlich wird dokumentiert, welche Instrumente bei der internen und externen Kommunikation eingesetzt werden.

# Integrierte Managementsysteme — 153

**Fotos konkretisieren den Handlungsbedarf**

*Abb. 7: Aufzeigen anforderungsgerechter Kennzeichnungen*

Durch die Aufnahme häufig gebrauchter Organisationsmittel wie Urlaubsanträge oder Dienstreiseanzeigen sind Beschäftigte nahezu täglich „gezwungen" mit der Management-Dokumentation zu arbeiten; die Hemmschwelle, sich komplexe Sachverhalte mit dem Handbuch zu erschließen, wird deutlich gesenkt. Die rechnergestützte Dokumentation hat einen weiteren Vorteil in einem zentralen und schnellen Änderungsdienst, der für jeden Nutzer die ständige Aktualität des Instrumentes sicherstellt.

## 5. Schritt: Interne Audits

Die in den bisherigen Schritten erarbeiteten politischen Festlegungen sowie die Ziele und Maßnahmen und die strukturellen und prozeduralen internen Vorgaben bedürfen der Überprüfung. In internen Audits geht es um die Frage, ob die Ansprüche des Umweltmanagementsystems und die Wirklichkeit des Betriebsalltags übereinstimmen.

Einerseits ist festzustellen, ob die Qualitäts- und Umweltpolitik durch operable Ziele und Maßnahmen umgesetzt wird und andererseits ist zu hinterfragen, ob die beschriebenen Strukturen und Prozesse geeignet sind, die Erreichung der Umweltziele förderlich zu beeinflussen. Mehrere interne Audits machen zusammen die nach Norm erforderliche Betriebsprüfung aus. Die Ergebnisse der Umweltbetriebsprüfung werden in einem Management-Review regelmäßig der obersten Leitung zur Bewertung vorgelegt.

**Beispiele für <u>richtiges</u> Umweltverfahren motivieren !**

*Abb. 8: Getrennte Altpapiersammlung*

Nach dem ersten Auditzyklus im ersten Jahr des Umgehens mit dem Managementsystem hat sich die starre Orientierung der geplanten Audits an Quartalen als nicht zielführend herausgestellt. Aktuell wird über neue Auditthemen und -rhythmen nachgedacht.

In Abbildung 3 schließt sich an die Betriebsprüfung der sechste Schritt der Zertifizierung des Systems durch den externen Gutachter an. Die erstmalige Zertifizierung wurde Ende 1998 durch einen Gutachter des TÜV Nord in der Fachgruppe Verfahrenstechnik vorgenommen. Zum Jahresbeginn 2000 folgte das erste externe Wiederholungsaudit durch den gleichen Gutachter, der sich nach einjähriger Anwendung des Systems von der Funktionalität der Systemelemente überzeugte und sich den kontinuierlichen Verbesserungsprozess unter qualitativen und ökologischen Aspekten belegen ließ.

## Nutzen eines integrierten Managementsystems

Angesichts der Aufwände zur Erarbeitung und Implementierung eines integrierten Managementsystems stellt sich die Frage nach seinem Nutzen besonders eindringlich. Die wesentlichen *Nutzenelemente* sind:
- Ein vollständiges Managementsystem, das in einem Handbuch dokumentiert ist, sorgt für absolute *Transparenz*. Dem Management und allen Mitarbeitern sind damit alle qualitäts-, umwelt- und sicherheitsrelevanten Aufgaben und Risiken vollständig bekannt. Umweltnormen werden etwa mit einer höheren Sicherheit eingehalten.
- Bei Führungskräften führt die lückenlose und nachvollziehbare Dokumentation und die routinisierte Überprüfung aller rechtlichen Vorgaben dazu, dass das *Risiko* einer ordnungsrechtlichen oder gar strafrechtlichen Belangung gegen Null geführt wird. Gute Beziehungen zu dem *Aufsichtsbehörden* werden weiter stabilisiert.
- Eine Konsolidierung und Systematisierung führt dazu, dass Leistungen rationeller erbracht werden; dadurch lassen sich *Kosten einsparen*. Transparenz in den Abläufen lässt zudem Vergleiche mit anderen Einrichtungen im Sinn von Benchmarking zu.
- Dieser Effekt eines *positiven Images* setzt sich fort im Verhältnis zu Nachbarn und Umweltschutzverbänden, denen über das Gutachten eines renommierten Zertifizierers von neutraler Stelle bestätigt wird, dass dem Umweltschutz ein hoher Stellenwert zukommt.
- *Motivierte Beschäftigte* mit der Einschätzung: „Ich arbeite gern in einer umweltfreundlichen, sicheren und qualitätsorientierten Hochschule!"

- *Interessierte Studierende,* die einen Einblick in die Erarbeitung und Fortschreibung von Managementsystemen erhalten, die heute in fast allen privaten, zunehmend mehr auch in vielen öffentlichen Betrieben unter den Gesichtspunkten Umweltschutz, Qualität, Brandschutz, Arbeits- und Störfallsicherheit etc. umgesetzt werden.

| Nr. | Handlungsbedarf | Maßnahme | verantwortlich | Termin |
|---|---|---|---|---|
| 1. | fehlende Augendusche | Nachfassen bei der Uni-Verwaltung | Hr. Stickling | erl. |
| 2. | fehlende Gefährdungsabschätzung für die VT-Arbeitsplätze | Vorliegenden Formularsatz ausfüllen | Hr. Beckmann | erl. |
| 3. | Nachlassendes Interesse von Maschinenbau-Studierenden am Studienschwerpunkt VT; mangelnder Bekanntheitsgrad | Monatliche Kurzmeldung über Internet an alle Maschinenbau-Studierende über VT-News | Hr. Wagener | lfd. |
| 4. | Verbesserung der Lehre; interessantere Präsentationen | Workshop/Weiterbildung: richtiger Beamer-Einsatz in Lehrveranstaltungen | Hr. Noeke mit externen Referenten | SS 2000 |
| 5. | Umweltaspekte in der Lehre deutlich erkennbar machen | Sachkundelehrgang „Betriebsbeauftragter für Abfall"; Tutorium zur Vorlesung „Umweltmanagement" für ausländische Studierende | Hr. Noeke | SS 2000 WS 99/00 |
| 6. | Asbestbelastungen in Altgeräten der Grundausstattung klären | Durchsicht des Gerätebestandes und Erhebung der Sanierungsbedingungen | Hr. Beckmann | WS 99/00 |

*Abb. 9: Aktionsprogramm mit Zielen und Maßnahmen*

## Fortsetzung und Auswertung der Systemgrenzen

Weiteres Ziel der Fachgruppe ist die Zertifizierung des Managementsystemelements Arbeitssicherheit nach dem in der chemischen Industrie bekannten SCC-Standard. Im Sinn eines Total Quality Management (TQM) werden dann alle Managementsystemelemente nach international anerkannten Normen durch externe Gutachter beurteilt worden sein. Die Fachgruppe nutzt diese im „eigenen Betrieb" gesammelten Erfahrungen im übrigen bei ihren Industriekontakten, wenn

# Integrierte Managementsysteme — 157

sie beratend bei der Lösung qualitätsorientierter, umweltbezogener oder sicherheitstechnischer Probleme mitwirkt.

Rückblickend betrachtet können die Angehörigen der verschiedenen Hochschulgruppen auf verschiedenen Stufen an der Erarbeitung und Fortschreibung eines integrierten Managementsystems mitwirken.

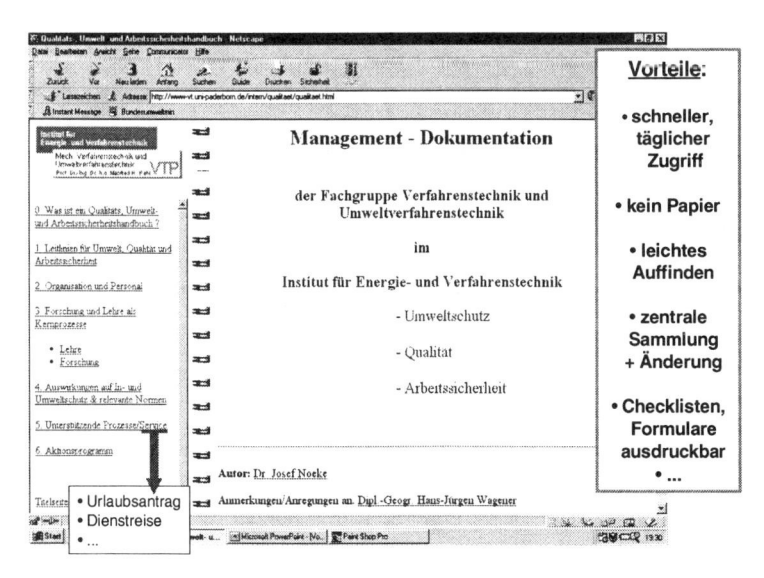

*Abb. 10: DV-gestützte Management-Dokumentation*

Studierende lassen sich besonders gut in die Umweltprüfung (Bestandsanalyse) und in interne Audits einbinden, wenn sie anhand vorgegebener Checklisten definierte Sachverhalte empirisch erfassen und dokumentieren. Dem akademischen Mittelbau obliegen die wesentlichen operativen Aufgaben mit der Entwicklung der Dokumentation und vor allem der Umsetzung des Aktionsplanes. Die oberste Leitung hat die Aufgabe, die Leitlinien in Kraft zu setzen und im Rahmen von Management-Reviews die Ergebnisse aus internen Audits zu bewerten sowie in konkrete Maßnahmen umzusetzen.

Schlussendlich stellt sich die Frage, wie von der Keimzelle einer Fachgruppe aus, diese Erfahrungen im Aufbau eines integrierten Managementsystems auf weitere organisatorische Einheiten und schließlich auf die gesamte Universität übertragen werden können.

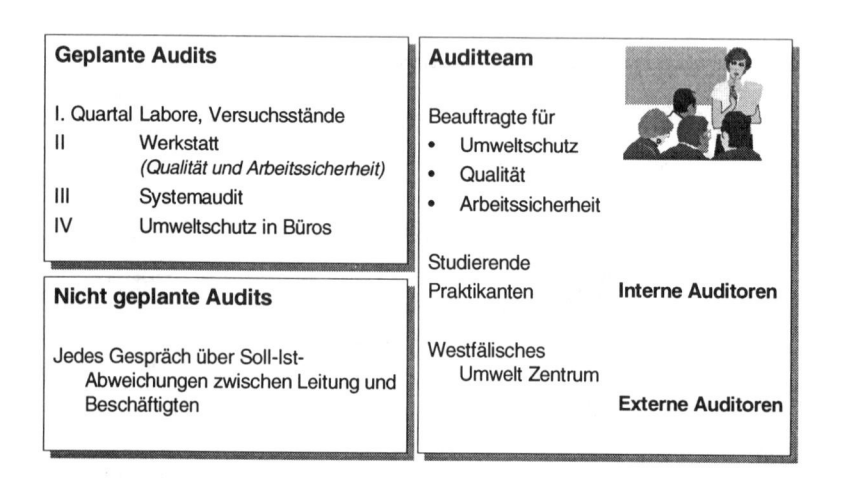

| Geplante Audits | | Auditteam | |
|---|---|---|---|
| I. Quartal | Labore, Versuchsstände | Beauftragte für | |
| II | Werkstatt | • Umweltschutz | |
| | (Qualität und Arbeitssicherheit) | • Qualität | |
| III | Systemaudit | • Arbeitssicherheit | |
| IV | Umweltschutz in Büros | | |
| | | Studierende | |
| **Nicht geplante Audits** | | Praktikanten | **Interne Auditoren** |
| Jedes Gespräch über Soll-Ist-Abweichungen zwischen Leitung und Beschäftigten | | Westfälisches Umwelt Zentrum | |
| | | | **Externe Auditoren** |

*Abb. 11: Planung der internen Audits*

Nach der Fachgruppe Verfahrenstechnik wurde ein Umweltmanagementsystem für einen gesamten Fachbereich sowie für die Verwaltung der Universität Paderborn erarbeitet, implementiert und zertifiziert. Viele Beschaffungsentscheidungen z. B. beim Bezug von Energie, Frischwasser und anderen Ressourcen fallen zentral in der Hochschulverwaltung. Ebendort wird auch oft zentral über Alternativen der Abwasserreinigung und der Abfallentsorgung entschieden. Werden diese Entscheidungen entlang eines systematischen Umweltmanagementsystems vorbereitet, getroffen und kontrolliert, ist ein wesentlicher Schritt auf dem Weg zu einer nachhaltigen zukunftsträchtigen Hochschule getan. Gleichwohl kann ein um die Aspekte Arbeitssicherheit und Qualitätswesen angereichertes Umweltmanagementsystem in geeigneter Weise dazu beitragen, dass Hochschulangehörige die an sie aus diesen Perspektiven gestellten vielfältigen Anforderungen erfüllen.

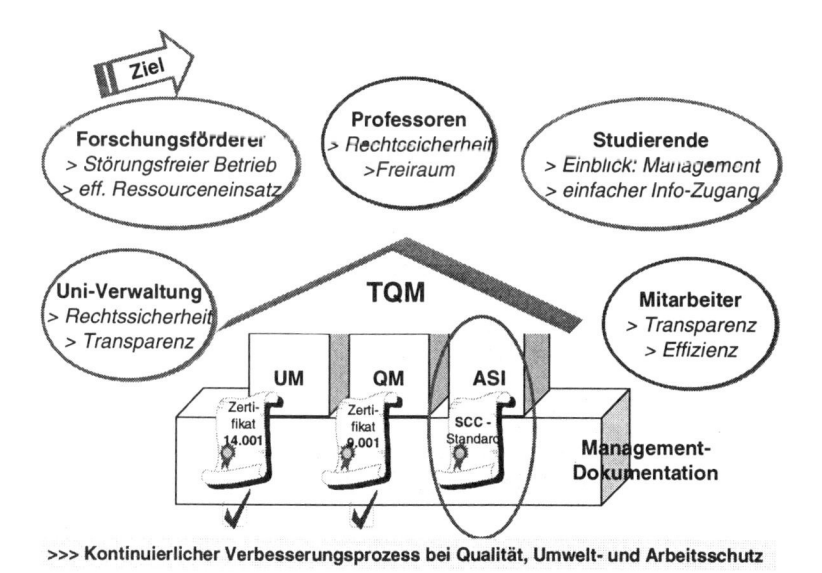

*Abb. 12: Nutzen des Umweltmanagementsystems*

## Literatur

Bastenhorst, Kai-Olaf/Gilch, Harald/Müller, Joachim/Schaltegger, Stefan: Umweltmanagement als Grundlage für die nachhaltige Universität, in: Michelsen, G. (Hrsg.): Sustainable University. Frankfurt, 2000, S. 40–68

Copernicus Carta. In: Kukartz, U: Ökologisierung von Hochschulen. Berlin, 1996

Leal Filho, Walter (Hrsg.): Umweltschutz und Nachhaltigkeit an Hochschulen. Frankfurt, 1998

Michelsen, Gerd (Hrsg.): Sustainable University; Auf dem Weg zu einem universitären Agendaprozess, Bd. 1 der Reihe „Innovation in den Hochschulen: Nachhaltige Entwicklung". Frankfurt, 2000

Viebahn, Peter/Matthies, Michael (Hrsg.): Umweltmanagement an Hochschulen; Konzepte, Strategien, Lösungen. Bochum, 1999

Doris Sövegjarto-Wigberts

# Umweltmanagement als Teil eines universitären Agenda-Prozesses

## Die Universität Bremen

Auf dem Weg zu einer weltweiten nachhaltigen Entwicklung spielen Hochschulen eine wichtige Rolle. Sie bilden zukünftige Entscheidungsträger, Forscher und Lehrer aus die mittelbar und unmittelbar auf die Gesellschaft einwirken. Inder 1992 auf der Umwelt und Entwicklungskonferenz in Rio de Janeiro verabschiedeten Agenda 21, dem umwelt- und entwicklungspolitischen Aktionsprogramm der Vereinten Nationen, ist u.a. auch die Umsetzung einer nachhaltigen Entwicklung an den Hochschulen festgeschrieben. Einige wenige Universitäten und Hochschulen haben sich inzwischen dieser Aufgabe gestellt. Die praktische Umsetzung der Agenda 21 an den Universitäten und auch an der Universität Bremen steckt immer noch in den Kinderschuhen.

Der Weg zu einer Umsetzung soll im folgenden Artikel aufgezeigt werden. Die Universität Bremen hat sich schon in ihren Gründungszielen Interdisziplinarität, Praxisbezug und gesellschaftlicher Verantwortung, ähnlich wie in der Agenda 21 gefordert werden, festgeschrieben. In den letzten Jahren ist sich die Universität Bremen diesen Zielen treu geblieben. Die Unterzeichnung der Copernicus-Charta war ein Ausdruck davon.

Viele kleine Umsetzungsschritte sollen einen Weg zu einer nachhaltigen Entwicklung deutlich machen: die Bildung eines Umweltausschusses, die Weiterentwicklung des Abfallmanagements, die Weiterentwicklung eines Umweltmanagementmentsystems, die Bildung einer Agenda 21 – Arbeitsgruppe, die auch verknüpft ist mit dem Prozess der lokalen Agenda 21 in der Stadt Bremen.

Nach der Unterzeichnung der Copernicus-Charta hat der Akademische Senat der Universität im August 2000 „Leitziele der Universität Bremen" veröffentlicht, die gleichzeitig einen kleinen Überblick über die Universität geben.

## Voraussetzung

Während Bremen eine lange Tradition als Handel- und Seestadt hat, ist die Universität Bremen eine junge wissenschaftliche Einrichtung. Fast dreißig Jahre nach ihrer Gründung im Jahre 1971 hat sie 18 000 Studierende, mehr als 1700 Wissenschaftler/innen und 1100 Beschäftigte in Technik und Verwaltung. Die Universität hat seit den 80er Jahren ihr wissenschaftliches Profil verändert und vor allem in der Forschung große Erfolge errungen. In der Grundorientierung ist sie sich treu geblieben: Sie ist risikobereit, diskussionsfreudig und sucht den Erfahrungsaustausch mit der Öffentlichkeit und gesellschaftlichen Institutionen. Die Universität Bremen versteht sich als lernende Institution, die ihre Arbeitsstrukturen kontinuierlich verbessert und neue Managementformen erprobt (z. B. Kontraktmanagement). Sie ist regional verankert und kooperiert mit vielen wissenschaftlichen Einrichtungen der Stadt und nordwestdeutschen Region. Auch mit Institutionen von Politik, Wirtschaft und Kultur pflegt sie einen regelmäßigen Gedankenaustausch. Zugleich hat die Universität Bremen eine ausgeprägte internationale Orientierung und unterhält Kooperationsbeziehungen zu fast 200 ausländischen Universitäten.

Die Universität Bremen liegt auf einem großen Campus in enger Kooperation mit außeruniversitären Forschungseinrichtung wie einem Max-Planck- und Frauenhofer-Institut. Sie ist Zentrum eines erfolgreichen Technologieparks mit über 250 jungen Unternehmen. Diese sind Partner für Forschung und Entwicklung und bieten Studierenden Praktikumplätze und interessante Berufsperspektiven.

Seit langem sind Interdisziplinarität, Praxisbezug und gesellschaftliche Verantwortung die entscheidenden Leitziele der Universität in Lehre und Forschung. Diese Gründungsziele sind um neue Prinzipien ergänzt worden: Gleichberechtigung der Geschlechter, ökologische Verantwortung und Internationalisierung von Lehre und Forschung. Diese Leitziele der Universität Bremen werden im folgenden näher erläutert; sie sollen Identifikation der Mitarbeiter/innen und Studierenden mit der Universität fördern.

### Hohe Qualität von Lehre und Forschung

Oberstes Ziel in Lehre und Forschung sind hohe Qualität und fachliche Kompetenz. Die interne Evaluation der Lehre durch studierende und die externe Begutachtung von Lehrangeboten und Forschungsprogrammen wird daher in der Universität Bremen seit langem praktiziert. Vielfältige Fachkompetenz und Grundlagenforschung sind Basis für interdisziplinäre Problemlösungen. Bei der Suche nach neuen Erkenntnissen ergänzen sich Grundlagenforschung und anwendungsbezogene Forschung.

### Gesellschaftliche Verantwortung und Praxisbezug

Wissenschaft findet an der Universität Bremen nicht im „Elfenbeinturm" statt, sondern zielt auf konkrete Probleme der Gesellschaft und deren Zukunftssicherung. In Lehre und Forschung werden Praxisinhalte von Politik, Wirtschaft, Kultur und Gesellschaft aufgegriffen. B3eispiele sind: Umweltschutz durch ressourcenschonende Produktion, Entwicklung und Einsatz neuer Technologien in Industrie und Dienstleistung, Vermittlung zukunftsorientierter Qualifikationen in der wissenschaftlichen Aus- und Weiterbildung. Kontinuierliche Praxiskontakte und gesellschaftliche Integration sind Teil unseres Wissenschaftsverständnisses: Lehraufträge für Praktiker, Forschungskooperation mit privaten Unternehmen, Berufspraktika und Praxissemester für Studierende.

Lehrende und Lernende der Universität Bremen orientieren sich an den Grundwerten der Demokratie, Menschenrechte und sozialen Gerechtigkeiten, die in vielen Bereiche auch Gegenstand von Forschung und Lehre sind. Sie werden sich auch künftig mit den Folgen der Wissenschaft, Politik und Kultur und mit den Möglichkeiten einer sozial- und umweltvertraglichen Nutzung von Forschungsergebnissen (z.B. vorausschauenden Technologie- und Wirtschaftspolitik, keine Rüstungsforschung) befassen. Die gesellschaftliche Verantwortung der Universität beginnt in der Region, d.h. mit dem Engagement für eine zukunftsfähige Entwicklung des Landes Bremen. Sie umfasst auch Fragen der sozialen Gerechtigkeit und Unterentwicklung (Nord-Süd-Gefälle).

### Fachübergreifende Orientierung

Die technischen, sozialen, ökologischen und kulturellen Probleme sind sehr vielfältig und oft eng miteinander verknüpft; sie können nur in Zusammenarbeit verschiedener Fachdisziplinen und Forschungseinrichtungen angemessen bearbeitet werden. Die Universität Bremen bietet deshalb ein breites Fächerspektrum in den Geistes- und Sozialwissenschaften, Natur- und Ingenieurswissenschaften. Sie hat fachübergreifende Studienangebote, Forschungsprogramme und Forschungseinrichtungen geschaffen. Das Projektstudium und die Vermittlung von Kommunikations- und Teamfähigkeit fördern die fachübergreifende Kooperation. Die Studierenden werden frühzeitig in die Forschung einbezogen, um ein forschendes Lernen zu ermöglichen.

### Internationalisierung von Lehre und Forschung

Wissenschaft ist traditionell global ausgerichtet. Sie kann heute durch intensive Kooperation mit ausländischen Partnern komplexe Forschungsfragen grenzüberschreitend bearbeiten und die Studierenden angemessen auf künftige Berufsfelder vorbereiten. Die Universität Bremen bekannt sich zur Erklärung von Bologna, die auf einen europäischen Hochschulraum zielt. Sie fördert den Austausch von studierenden und Lehrenden im Rahmen internationaler Programme und Partnerschaften auf allen Kontinenten. Bei der Entwicklung der Studienprogramme werden internationale Aspekte berücksichtigt, z.B. neue Studienformen (fremdsprachige Lehrangebote, Studienmodule), Studienabschlüsse ähnlich Bachelor und Master sowie international orientierte Studienangebote und Auslandsemester.

Diese internationalen Studienangebote werden möglichst gemeinsam mit den Partner-Universitäten realisiert. Die Kooperation mit der International University Bremen eröffnet für die Zukunft weitere Möglichkeiten für eine länderübergreifende Lehre und Forschung, die den Wissenschaftsstandort Bremen stärken werden.

## Gleichberechtigung der Geschlechter

Frauen sind auch in der Wissenschaft in ihren Karrierechancen benachteiligt. Deshalb entwickelt die Universität in Übereinstimmung mit dem Land Bremen Maßnahmen und Programme zur Förderung der Gleichberechtigung in Wissenschaft und Verwaltung. Die Universität Bremen hat Organisationsformen aufgebaut, die eine kontinuierliche Arbeit für die gleichberechtigte Teilhabe von Frauen an Lehre und Forschung ermöglicht.

Gleichberechtigung der Geschlechter ist jedoch nicht nur ein Problem der Universität, sondern auch der Gesellschaft insgesamt. Deshalb gehören die Themen Geschlechterverhältnis und Gleichberechtigung auch zu den Kernbereichen in Forschung und Lehre, die in Zusammenarbeit verschiedener Disziplinen bearbeitet werden.

## Umweltgerechtes Handeln

Unsere Lebensgrundlage sind durch Luft- und Wasserverschmutzung und den Raubbau natürlicher Ressourcen (Wälder, Bodenschätze, menschliche Gesundheit) zunehmend bedroht. Die Wissenschaft muss fach- und länderübergreifend angemessene Lösungen für diese Probleme entwickeln. Die Universität Bremen engagiert sich im Rahmen der Agenda 21 für das Leitbild einer nachhaltigen (naturverträglichen) Entwicklung. Sie führt vielfältige Forschungsprojekte zur Ressourcenschonung und nachhaltigen Entwicklung auf regionaler und überregionaler Ebene durch (z.B. im Bereich Meeres- und Klimaforschung). Auch in Studium und Weiterbildung werden bereichübergreifend Umweltaspekte behandelt.

Die Universität leistet selbst Beiträge zum umweltgerechten Handeln: Sie dokumentiert in einem Umweltbericht ihre Aktivitäten zur Energieeinsparung, Schonung natürlicher Ressourcen durch Recycling, umweltgerechte Arbeitsmaterialien und Verhaltensregeln dokumentiert und kann hier bereits Erfolge aufweisen. Die Einführung eines Umweltmanagement wird die ökologische Orientierung in Forschung, Lehre und Studium verstärken.

(Akademische Senat der Universität Bremen August 2000)

## Der Umweltausschuss

Bereits Ende 1994 wurde auf Initiative des ASTA die Gründung eines Umweltausschusses an der Universität Bremen diskutiert. Anfang 1995 fand unter Leitung von Prof. Jastorff die erste Sitzung statt. Mit der Gründung des Umweltausschusses wurde ein grundlegender Baustein für ein wirkungsvollen Erfahrungsaustausch an der Universität gelegt. Während einzelne Mitglieder dieser Arbeitsgruppe, wie etwa der Abfallbeauftragte, der Arbeitssicherheitsingenieur, der Gefahrgutbeauftragte und Gefahrstoffausschuss, der Betriebsarzt und das Dezernat 4 mit dem Technischen Betrieb und Bauangelegenheit schon seit längerer Zeit erfolgreich im Umweltschutz and der Universität arbeiten, galt es nun die Aktivitäten in diesem Bereich zu Vernetzen und einen regelmäßigen Erfahrungsaustausch zu organisieren.

*Abb. 1: Zusammensetzung des Umweltausschusses*

Nur so ist es möglich in allen Bereichen Doppelanstrengungen zu vermeiden und Schwachstellen aufzudecken. Aus diesem Grunde sind an der Universität Bremen die Beauftragten für die einzelnen Bereiche zum Umweltschutz nicht in einer Stabsabteilung, sondern dezentral in der gesamten Universität angesiedelt. Sie üben neben ihrer Beauftragtentätigkeit in der Regel noch weitere Tätigkeiten aus. Das hat den Vorteil, dass sie weiterhin in die praktische Arbeit eingebunden sind und somit nicht nur punktuell erfahren, welche technischen und persönlichen Probleme in ihrem Arbeitsbereich auftreten können.

Der Umweltausschuss setzt sich interdisziplinär zusammen. Bei Bedarf wird er für besondere Schwerpunktsetzung zeitweilig durch weitere Mitglieder ergänzt.

Der Umweltbeauftragte hält den Kontakt zum Kanzler und koordiniert die laufenden Arbeiten der Arbeits-gruppe. Als Koordinator und Mediator führt er die eigenverantwortlich Beauftragten im Umweltausschuss zusammen. Er legt die Schwerpunkte der inhaltlichen Arbeit des Ausschusses in Abstimmung mit den Mitgliedern und der Universitätsleitung fest und leitet die Sitzung.

## Das Abfallmanagement

Das Abfallmanagement soll hier beispielhaft als eine tragende Säule im Umweltmanagement dargestellt werden. An der Universität besteht seit 1978 ein Abfallmanagement. Während es zu Beginn noch einfache Strukturen aufwies, hat sich das Aufgabenfeld des Abfallbeauftragten ständig verdichtet. Seit 1986 existiert ein Sonderabfallbeauftragter, der für den Verbleib gefährlicher Abfälle verantwortlich ist, seit 1990 ein offizieller Abfallbeauftragter.

Der Organisationsbereich Abfallentsorgung der Universität Bremen besteht aus vier Teilbereichen:
- Zwischenlager für Abfälle aus Laboratorien (Lagerung, Analytik, Konditionierung, Recycling)
- Sonderabfallentsorgung (Logistik und Leergut)
- Hausmüllentsorgung (hausmüllähnlicher Gewerbeabfall) und Wertstoffsammlung (Logistik und Lagerung)
- Abfallstatistik, Abfallbilanzen und Konzepte, Beratung

Über den Organisationsbereich Abfallentsorgung werden alle in der Universität Bremen anfallende Abfälle entsprechend den gesetzlichen Vorgaben des Kreislaufwirtschafts- und Abfallgesetzes erfasst, einer Wiederverwertung zugeführt und wenn dies nicht möglich ist, fach-

# Agenda 21 an der Uni Bremen — 169

gerecht und umweltschonend entsorgt. Hierbei werden Bauschutt aus Sanierungsmaßnahmen noch nicht und Abfälle aus dem Mensabetrieb nur zum Teil erfasst.

Gleichzeitig nutzen An-Institute und wissenschaftliche Einrichtungen im Umfeld der Universität (Technologiepark), sowie die Hochschule für Künste und die Hochschule Bremerhaven die bestehende Entsorgungsinfrastruktur und Beratung (Externe).

Die Abgabe von Abfällen erfolgt fast ausschließlich an Entsorgungsfachbetriebe. An dieser Stelle soll nur ein kleiner Überblick über die Sonderabfallentsorgung und Recycling von Lösemitteln gegeben werden. Das neue Zwischenlager für Abfälle aus Laboratorien konnte im Januar 1999 in Betrieb genommen werden. Hierbei handelt es sich um eine nach Bundesimmissionsschutzgesetz genehmigte Anlage. Im Lager können ca. 55 m³ Sonderabfälle zwischengelagert werden. Neu an dem Konzept ist die Lagerung der Abfälle in vier Spezialcontainern.

*Abb. 2: Blick auf das Sondermüllzwischenlager der Universität*

Die Container sind explosionsgeschützt ausgeführt und mit einer $CO_2$-Löschanlage ausgestattet. Der Löschmittelvorrat befindet sich nicht im Container, sondern in einem Raum des Zwischenlagers. Das Löschmittel wird den Containern über flexible Druckleitungen mit Schnellkupplungen zugeführt. Im Boden des Container befindet sich eine Auffangwanne. Ein Ventilator sorgt für eine gute Belüftung des Innenraums. Das Besondere daran ist, dass die Abfälle in dem „Raum" lagern, in dem sie auch später transportiert werden. Ein Umladen in besondere Transportcontainer entfällt. Das erhöht die Arbeitssicherheit und spart Zeit.

### Recycling von Lösungsmitteln

Im Rahmen des Forschungsschwerpunktes „Recycling und Abwasserreinigung" (Koordinator Prof. Jastorff, Koordinationsassistet Dr. Schultz, Tel.: 218-7665, E-Mail: Schultz@chem.uni-bremen.de) Umweltforschung und Umwelttechnologie (UFT) 1997 der Betrieb einer programmierbaren vollautomatisch arbeitenden Redestillationsanlage für Lösemittel aufgenommen. Als erstes wurde Methanol aus Chromatographieabfällen gereinigt und der Wiederverwendung in der Hochdruckflüssigkeitschromatographie zugeführt. Schon in der ersten Betriebsphase wurden ca. 900 Liter Methanolgemisch destilliert und 690 Liter Methanol mit einer Reinheit von über 95 % rückgewonnen. Damit wurde der Abfall, bezogen auf Methanol um 77 % reduziert und der Einkauf von 690 Liter Methanol erspart. Weitere Programme zur Reinigung anderer Lösemittel werden stufenweise entwickelt. Wichtigste Voraussetzung für ein erfolgreiches Recycling im Routinebetriebbetrieb ist allerdings die Entwicklung einer sicheren Logistik in den einzelnen Arbeitsgruppen und Praktika, um die Abfälle der Lösemittelsorten getrennt zu sammeln.

Das Recycling wird von einer Eingangs- und Ausgangsanalytik begleitet. Die abgegebenen Chargen werden durch eine Qualitätskontrolle charakterisiert.

## Ziele und Forderungen

Oberstes Ziel ist und bleibt die Reduzierung der Sonderabfallmengen. Vermeidungsstrategien sind jedoch in einem Wissenschaftsbetrieb schwer umzusetzen. Jeder Abfallerzeuger muss sich fragen und fragen lassen, ob die von ihm bisher in Forschung und Lehre verwendeten toxischen Chemikalien unbedingt erforderlich sind oder ob sich nicht Ersatzstoffe finden lassen, die für Mensch und Umwelt weniger risikoreich sind. Ein selbstkritisches Bewusstsein hinsichtlich des Einsatzes von Chemikalien muss erst noch erzeugt werden.

Eine Reduktion der bisher eingesetzten Mengen sollte unbedingt angestrebt werden: z. B. durch Variation einer Arbeitstechnik, einer Praktikumsvorschrift oder aber auch durch Aufgabe einer langjährig üblichen Praxis in Forschung und Lehre. Voraussetzung dafür ist in jedem Fall ein Umdenken sowie die persönliche Bereitschaft, den bisher gewohnten und üblichen Einsatz von Chemikalien in bezug auf Typ und Menge zu überdenken. Das heißt aber auch, dass gegebenenfalls neue Prioritäten zu setzen sind. Die Kreativität der Lehrenden und Lernenden ist dabei gefordert.

Das Umsteuern bedarf in vielen Fällen noch der Erforschung ihrer Konsequenzen für Forschung und Lehre. Deshalb sollten in Zukunft Abfallminderung, Entsorgung und Ersatzstoffsuche auch Themen von Leistungsnachweisen und Examensarbeiten sein und nicht – wie bisher üblich – als weniger wissenschaftlich angesehen werden.

Ein Festhalten an liebgewordenen Gewohnheiten im Umgang mit Chemikalien mit der Begründung, dies sei aus wissenschaftlichen bzw. aus Ausbildungsgründen unbedingt notwendig, ist dabei weniger hilfreich.

Durch den Ausbau der Chemikalienbörse konnten die Abfälle weiter reduziert und Ressourcen eingespart werden. Die Böse muss weiter ausgebaut und ihre Nutzung verstärkt werden.

Zwei kleinere Redestillationsanlagen für Lösemittelgemische sollen noch in 2000 im neuen Zwischenlager für Abfälle in Betrieb genommen werden.

## Umweltmanagement an der Universität Bremen

*(Passage zum Umweltmanagementsystem stammt von der Projektgruppe)*

Seit Anfang des Jahres 1997 arbeitet eine interdisziplinär ausgerichtete Arbeitsgruppe aus den Fachbereichen Produktionstechnik und Wirtschaftswissenschaft unter der Schirmherrschaft des Kanzlers und in Abstimmung mit dem Umweltausschuss der Universität Bremen an einem Konzept der Weiterentwicklung des bestehenden Stoff- und Energiestrommanagements der Universität zu einem Umweltmanagementsystem und dessen Kopplung an Haushaltsbudgetierungen.

Die Durchführung des Pilotprojektes ist vielschichtig motiviert: zum einen durch die zunehmende Diskussion über den Beitrag von Dienstleistungsunternehmen zum Umweltschutz und weitergehend Gedanken zur „lokalen" Umsetzung der Leitziele der Agenda 21, zum anderen durch die Diskussion zur Einführung von Produkthaushalten in den öffentlichen Verwaltungen. Darüber hinaus versteht die Universität ihre Aufgabe darin, ihr wissenschaftliches Potential zur Lösung praktischer gesellschaftlicher Probleme einzusetzen, die dafür erforderlichen Methoden zu entwickeln und die Resultate sowohl in der Lehre zu vermitteln als auch im eigenen Hause erweitert operativ umzusetzen.

Durch die große Anzahl der Angehörigen der Universitäten und vor allem durch den hohen Technik- und Geräteeinsatz in den experimentellen Bereichen und den hieraus resultierenden Bewirtschaftungsaufwand, ist die Inanspruchnahme natürlicher Ressourcen und der Anfall von Emissionen von Universitäten erheblich. So betrug der

Bedarf an elektrischer Energie für das Jahr 1995 an der Universität Bremen 34 300 MWh, was beispielsweise dem Bedarf einer Anzahl von 6250 Haushalten mit jeweils vier Personen entspricht. Zugleich stellen diese Ressourcenverbräuche erhebliche Anteile der universitären Ausgaben dar.

Aufgrund der durch Universitäten verursachten Umweltbelastungen besteht somit einerseits die Notwendigkeit, ein umfassendes Umweltschutzkonzept zu entwickeln, um einer deutlichen Verminderung der durch den laufenden Betrieb verursachten Umweltauswirkungen Rechnung zu tragen. Im Kern zielt das laufende Pilotprojekt darauf ab, basierend auf den umfangreiche Vorarbeiten des Dezernates für Technischen Betrieb/Bauangelegenheiten der Universität, die Entwicklung eines Umwelt- und Kostenmanagementkonzeptes für zunächst überschaubare Gebäudeeinheiten der Universität zu erarbeiten. Andererseits müssen die Ausgaben für die Bewirtschaftung der Universität angesichts der schrumpfenden Haushalte optimiert werden, um unangemessene Einschränkungen der Mittelbeschaffung zu vermeiden.

In dieser Vorstudie, mit einer Laufzeit von zunächst einem Jahr, wurden bisher verfügbare einschlägige Informationen zur Stoff- und Energiestrombilanzierung auf Universitätsebene zusammengetragen. Auf Grundlage der Bestandsaufnahme und einer ersten ökonomisch-ökologischen Bewertung der Stoff- und Energieströme wurden diejenigen Umweltbereiche der Universität identifiziert, in denen am ehesten Einspar- und Verringerungsmaßnahmen ökologisch vorteilhaft sind. Das sind in erster Linie die Bereiche Wasser, Abfall und Energie.

Für zunächst zwei ausgewählte Gebäudeeinheiten soll im weiteren Verlauf des Projektes die prototypische Konzeption eines verknüpften Umwelt- und Kostenmanagementkonzeptes auf Basis der Schwerpunkte der Umweltinanspruchnahme der Universität erarbeitet werden. Hierbei handelt es sich um repräsentative Gebäudeeinheiten: ein von geisteswissenschaftlichen Fachbereichen sowie ein von ingenieurwissenschaftlichen Fächern genutztes Gebäude.

Am exemplarischen Beispiel der jeweiligen Gebäude wird aufgezeigt, welche Voraussetzungen geschaffen werden müssen, um einerseits umweltorientierte Ziele nach Inhalt, Ausmaß und Zeitbezug planen und realisieren zu können, also den Umweltschutzgedanken auf allen Planungsebenen sowie beim täglichen Umgang mit Ressourcen dauerhaft in die Aufbau- und Ablaufstrukturen der Universität zu integrieren, und andererseits im Sinne eines betriebswirtschaftlich orientierten und verursachungsgerechteren Kostenmanagements einzelner Organisationseinheiten Anreize zur umsichtigen Nutzung von natürlichen Ressourcen zu schaffen. Dies gelingt z.B. bei Vorhandensein geeigneter Informationssysteme bzw. Messeinrichtungen durch "Teilrückführungen" eingesparter Kosten in diejenigen Organisationseinheiten der Universität in denen die Einsparungen erfolgt sind.

Dieser erste Anstoß eines „Reengineering" der bestehenden Umwelt- und Kostenmanagementstrukturen soll in einem weiterführenden Prozess münden, in welchem die gesamte Universität einbezogen wird, und dessen „ökopositiven" Wirkungen sich auch im Bereich der Lehre und der Qualität der Ausbildung, der Weiterbildungs- und Transferkompetenz sowie der Arbeitsbedingungen der Angehörigen niederschlagen sollen.

## Die Agenda 21-Runde

Seit November 1998 existiert ein Arbeitskreis zur Umsetzung der Agenda 21 an der Universität Bremen. Die Schwerpunkte der Arbeitsgruppe liegen in folgenden Themengebieten:
- „Agenda 21 in der Lehre"
- Beteiligung am Prozess der Lokalen AGENDA 21 in Bremen
- Einführung eines jährlichen Studienpreises „Nachhaltigkeit"
- Lehrangeboten und Lehrschwerpunkten zur Agenda 21 Initiierung bzw. Weiterentwicklung von Forschungsschwerpunkten zur Agenda 21

Die Mitglieder der Arbeitsgruppe setzen sich aus verschiedenen Fachbereichen und Abteilungen der Universität zusammen und ermöglichen hier eine interdisziplinäre Zusammenarbeit und Konzeption.
- Prof. A. Biesecker (Wirtschaftswissenschaft)
- Uwe Gundrum (Leiter der Pressestelle)
- Prof. K.P. Haasis (Wirtschaftswissenschaft)
- Prof. B. Jastorff (Bioorganische Chemie – Koordinator der Agenda 21-Runde)
- Klaus Körber (Erwachsenenbildung)
- Prof. H. Lange (artec – Sozialwissenschaften)
- Prof. Wilfried Müller (Sozialwissenschaften – Konrektor für Lehre und Studium)
- Karl-Leonard Reinhold (Leiter Dez. Akademische Angelegenheiten)
- Prof. J. Schmidt (Geschichte)
- Dr. D. Sövegjarto (Chemie)
- Prof. H. Spitzley (Arbeitswissenschaft)
- Dr. G. Warsewa (Arbeitswissenschaft)

**Der Agenda 21-Prozess in Bremen**

Nach der Konferenz in Rio 1992 hat auch die Stadt Bremen den Entschluss gefasst sich an diesem Prozess zu beteiligen. 1995 wurde dies in einer Koalitionsvereinbarung festgehalten. Im Januar 1996 hat der Bremer Bürgermeister Dr. Hennig Scherf einen Aufruf zur Lokalen Agenda 21 unterzeichnet und wenige Monate später wurde im Senat beschlossen einen „Runden Tisch" einzurichten. Im Juni 1996 fand die erste Sitzung und Beteiligung von 27 Vertretern des öffentlichen Lebens im Bremer Rathaus statt.

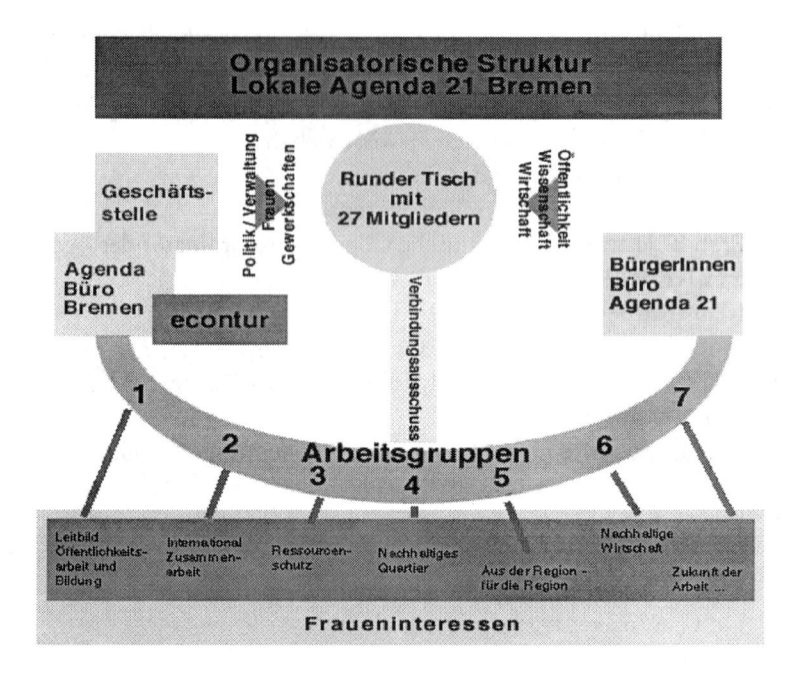

*Abb. 3: Überblick über die Lokale Agenda 21 in Bremen (Stand 1999)*

Die Universität Bremen ist am Runden Tisch zu Lokalen Agenda 21 durch den Rektor Prof. Dr. Timm vertreten. Sein Stellvertreter ist der vom Kanzler der Universität benannte Umweltbeauftragte, Prof. Jastorff. In jeder der sieben Arbeitsgruppen beteiligen sich Mitarbeiter der Universität, die dann wiederum in der Agenda 21-Runde zusammenarbeiten.

Mit den oben aufgeführten Aktivitäten der Universität Bremen sollte ein erster Schritt der Universität Bremen zur Umsetzung der Copernicus-Charta und damit auch der Agenda 21 aufgezeigt werden. In Zukunft sollen die Aktivitäten zum Umweltmanagement und zum „Nachhaltigkeitsmanagment" noch weiter ausgeführut werden.

Friedrich Stratmann

# Öko-Audit in Hochschulen – Chance zur Modernisierung von Hochschulen[1]

## Einleitung

Im April 1999 hatte die Universität Lüneburg beschlossen, im Rahmen des Gesamtprojekts „Agenda 21 – Universität Lüneburg" ein Umweltmanagementsystem einzuführen und dieses im Sinne der EMAS-Verordnung validieren zu lassen. Ein Jahr später gilt es zu bilanzieren: Der „gesetzte Zeitrahmen" wurde eingehalten – die Universität ist in das Register der validierten Standorte aufgenommen worden.

Das Ziel der Universität Lüneburg, in nur einem Jahr die Vorbereitung zu einem Öko-Audit zu schaffen, war auch geprägt von dem Wettbewerb zwischen einigen Hochschulen, die erste Universität in Deutschland zu sein, die ein solches Öko-Audit besitzt.

Nachdem bereits seit längerer Zeit die FH Furtwangen sowie die HTWS Zittau/Görlitz die EG-Öko-Audit-Verordnung zum Maßstab ihres Umweltmanagementsystems gemacht haben, sind nun mit Lüneburg, Paderborn und Bielefeld die ersten Universitäten diesem Beispiel gefolgt.

Die Debatte, welche Einrichtung die erste validierte Universität gewesen ist sollte jedoch nicht vertieft werden, da bei näherer Analyse festzustellen ist, dass die beteiligten Hochschulen alle sehr unterschied-

---

1 Überarbeitete Fassung des Festvortrags im Rahmen der Übergabe der Registrierungsurkunde an die Universität Lüneburg am 25. Mai 2000; Originalabdruck: Stratmann, Friedrich: Öko-Audit in Hochschulen. Lüneburg. In: Campus Courier Nr. 3, Sommersemester 2000, S. 6

lich sind und selbst gesteckte Ziele, eingesetzte Verfahren und aufgebaute Strukturen trotz einer EG-Öko-Audit-Verordnung ebenfalls nur in Ansätzen vergleichbar sind. Stattdessen soll an dieser Stelle der Sinn und Zweck des Öko-Audits bzw. des Umweltmanagements in den Hochschulen herausgestellt werden.

Allgemein ist das Ziel eines Umweltmanagements, neben einer außenwirksamen Präsentation, auf der Basis von definierten Umweltzielen Umweltmaßnahmen einzuleiten und durch diese Umwelteinwirkungen aus betrieblichem Handeln und Verfahrensprozessen zu reduzieren.

Die EMAS-Verordnung verlangt zwecks Überprüfbarkeit dieser Ziele und Maßnahmen die Einhaltung entsprechender Verfahren und die Pflicht einer Dokumentation.

## Einwände gegen eine Beteiligung von Hochschulen am Öko-Audit

Greift man diese Zielsetzung auf und diskutiert sie mit Hochschulvertretern, so kann man häufig drei Einwände gegen eine Beteiligung von Hochschulen hören:
1. Wir als Hochschule machen konkreten Umweltschutz: hierfür brauchen wir kein Öko-Audit.
2. Ein Öko-Audit führt mit seinem Formalisierungszwang nur zum Aufbau von Bürokratie.
3. Umweltmanagementsystem und gegenwärtige Hochschulstrukturen passen nicht zueinander.

Diesen Einwänden soll im folgenden begegnet werden.

## Wir als Hochschule machen konkreten Umweltschutz: hierfür brauchen wir kein Öko-Audit

Selbstverständlich gibt es viele Hochschulen, die seit langem aktiven Umweltschutz betreiben: Energieeinsparung, Abfallreduzierung, Sicherer Umgang mit gefährlichen Stoffen und Abfällen. Es handelt sich aber hier häufig um einen Set von Einzelmaßnahmen, und es fehlt eine systematische Betrachtung, um auch unter Effizienzgesichtspunkten Umweltschutz zu betreiben. So arbeiten möglicherweise zentral verortete Fachkräfte wie Gefahrstoffbeauftragter, Umweltschutzbeauftragter, Sicherheitsfachkraft und engagierte Fachbereiche nebeneinander her.

## Ein Öko-Audit führt mit seinem Formalisierungszwang nur zum Aufbau von Bürokratie

Verfahrensanweisungen, Prüfvorgänge und auch Dokumentationen tragen selbstverständlich die Gefahr einer Bürokratisierung in sich. Aber Formalisierung von Abläufen im Umweltschutz beinhaltet auch eine Reihe von nicht zu unterschätzenden Vorteilen:
- Formale Organisation macht im Gegensatz zu informalen Regeln Sachverhalte und Sollvorstellungen sichtbar und damit für Dritte nachvollziehbar. Ein Beispiel ist die Laborrichtlinie. Diese fasst nicht nur für die im Labor anwesenden Mitarbeiter Regeln eines sicheren Umgangs mit Gefahrstoffen zusammen, sondern dokumentiert im Innen- und Außenverhältnis, d. h. auch für Aufsichtsbehörden, für den Sicherheitsingenieur der Hochschule, für Gäste sowie für Studierende die gesetzten Betriebsanforderungen.
- Formalisierte Regelungen generalisieren Verhaltenserwartungen und ermöglichen hierdurch ein sinnvoll zusammenhängendes Handeln. Der Mitarbeiter in seiner Einrichtung weiß, was er von den anderen Beteiligten, z. B. in seinem Labor, erwarten kann. Bei aller Wertschätzung von informeller Unternehmens- oder Laborkultur schaffen formalisierte Regelungen mehr Klarheit und Transparenz.

- Formalisierte Regelungen führen zu einer Stabilisierung und Standardisierung der Beziehungen des Systems „Hochschule" zu seiner Umwelt. Formale Organisation bedeutet auch ein Stück Rechtssicherheit und damit auch Kontinuität in der umweltbezogenen Aufgabenbearbeitung.

## Umweltmanagementsystem und gegenwärtige Hochschulstrukturen passen nicht zueinander

Der Einwand, bekannte Umweltmanagementsysteme aus der gewerblichen Wirtschaft und Hochschulsystem passen nicht zusammen, ist gravierend, impliziert er die doch vielerorts eingebachte These, Hochschulen seien etwas Besonderes und bedürften zwecks Steuerung spezifischer Organisations- und Managementstrukturen. Einschlägige (auch internationale) Organisationsuntersuchungen bestätigen dies.
- Sie charakterisieren Hochschulen zum einen als „loosed coupled systems", als Organisationen mit einer hohen vertikalen und horizontalen Autonomie, in denen insbesondere die Hochschullehrer als Individuen amtsartig autonom agieren, d.h. sie leiten und repräsentieren sich selbst[2].
- Sie charakterisieren Hochschulen zum anderen als „Expertenorganisationen", in denen sich die Mitglieder (Experten) weniger stark mit der Organisation identifizieren, in der sie arbeiten, sondern stärker mit der, der sie angehören. Die mangelnde Identifikation der Organisation und deren Ziele führt dazu, dass es wenig Engagement für die Gesamtheit gibt[3].

---

2 Ronge, Volker: Mehr Respekt vor den Universitäten. Über das Verhältnis der Universitäten zu Staat und Politik, in: Forschung & Lehre 12/1999, S. 643
3 Pellert, Ada: Die Universität als Organisation. Die Kunst, Experten zu managen. Wien 1999, S.108ff.

## Folgen für die Hochschule

Expertenorganisationen werden traditionellerweise von der Verwaltung zusammengehalten. Administrativ Tätige sind oft die einzigen, die ein echtes Interesse an der Gesamtorganisation haben. Gesamtorganisation bedeutet für die Experten in der Hochschule vornehmlich Organisation der notwendigen Infrastruktur für das Betreiben von Wissenschaft und Forschung[4]. Der einzelne Hochschullehrer benötigt und genießt eine kollektive Infrastruktur, also die Universität. Selten interessiert ihn, woher die Leistung kommt und wie sie erbracht werden muss. Der Rektor der Universität Wuppertal, Volker Ronge, hat dies kürzlich so beschrieben: „Der Sprung vom „An-sich-Kollektiv" zum „Für-sich-Kollektiv" findet an der professoral strukturierten Universität eher selten statt und wenn, dann eher außen als innen geleitet"[5].

Dieser Sachverhalt verdient besondere Beachtung, weil er für die aktuelle Verortung von Umweltmanagementsystemen in Hochschulen bedeutsam ist. Vielerorts wird nämlich das Umweltmanagementsystem der Hochschul-Infrastruktur und damit der Hochschulverwaltung zugeordnet, und der Kernprozess einer Hochschule – Forschung und Lehre – bleibt außen vor. Dieses war, ist und soll an der Universität Lüneburg anders sein und bedarf deshalb der Herausstellung. Drei Gründe sind m.E. hierfür maßgeblich:
1. Die Einführung eines Umweltmanagementsystems ist in Lüneburg Bestandteil eines größeren Prozesses, des Prozesses „Agenda 21". Es hat nie eine isolierte Einführung eines Umweltmanagementsystems zur Diskussion gestanden.
2. Die Initiative für ein Umweltmanagementsystem kam nicht aus der Hochschulverwaltung, sondern aus dem o.g. Projekt, das als Bestandteil von Forschung und Lehre organisatorisch einer Fachbereichsebene zugeordnet ist.

---

4 Ebenda, S. 170f.
5 Ronge, Volker: a.a.O., S. 644

3. Es war in Lüneburg immer unstrittig, dass der Bereich Forschung und Lehre – d. h. auch Hochschullehrer, wissenschaftliche Mitarbeiter und Studierende – in den Umweltmanagementprozess integriert sein muss; unstrittig, obwohl es zu den Auswirkungen des übergreifenden Themas „Nachhaltigkeit" auf Forschung und Lehre zwischen den Fachbereichen durchaus Auseinandersetzungen gab und gibt.

Ob diese avisierte Integration insgesamt gelungen ist, wird man in einem Jahr feststellen können, wenn der eingeleitete Managementprozess erstmalig evaluiert wird. Aus der Sicht von HIS, als derjenigen Einrichtung, die die Umweltprüfung mit vorbereitet hat, lässt sich aber konstatieren, dass in den vergangenen Monaten auf allen Hochschulebenen ein intensiver Austausch und Kommunikationsprozess stattgefunden hat. Diesen Eindruck bestätigte auch Herr Hartmann als Umweltgutachter, der nicht nur in der Verwaltung, sondern auch in den Fachbereichen gewesen ist und Gespräche mit den dortigen Hochschullehrern geführt hat.

## Bilanzierung des Öko-Audits an der Universität Lüneburg

Wägt man das Ergebnis des vorliegenden Öko-Audits gegen die eingangs erwähnten Einwände bzw. Bedenken ab, lässt sich m. E. Folgendes für Lüneburg festhalten:
1. Das Umweltaudit und die vorgeschlagenen Maßnahmen werden an der Universität Lüneburg zu konkreten positiven Umweltauswirkungen führen, z. B. erhöhte Energieeffizienz, weniger Abfall. Im Prinzip sind dieses alles unspektakuläre Maßnahmen, die bekannt sind, mit denen man auch an anderen Hochschulen entsprechende Umwelterfolge erreicht hat, aber eben noch nicht am Standort Lüneburg.
2. In einer kleinen Hochschule wie Lüneburg basieren viele Vorgänge auf informellen Strukturen. Man hielt es nicht für notwendig,

z.B. eine Laborrichtlinie erstellen zu müssen. Hier bestand ein Nachholbedarf – der im Rahmen von Umweltprüfung und Umweltaudit abgearbeitet worden ist. Dass diese Regeln nicht starr in einem Aktenordner abgelegt werden, sondern gelebt werden müssen, sei hier als Selbstverständlichkeit betont. Sie müssen auch angepasst werden, wenn sich die realen Strukturen verändern.
3. Die Schaffung von Organisationsstrukturen für einen kontinuierlichen Umweltschutz ist in Lüneburg der entscheidende Schritt, zumal in einer eher geisteswissenschaftlichen Einrichtung der Einsatz von technischen Maßnahmen im Umweltschutz häufig unter Kosten-Nutzen-Aspekten wenig Sinn macht.

Konkret werden hier ein zentraler Umweltkoordinator und dezentrale Umweltverantwortliche in den Fachbereiche benannt sowie ein „Arbeitskreis Umwelt" als sog. „sekundär-organisatorisches" Hochschulgremium neu gebildet. Mit diesen Strukturen wird ein wechselseitiger Informations- und Wissenstransfer zwischen Fachbereichen, Hochschulleitung und Hochschulverwaltung ermöglicht. Darüber hinaus ist es gelungen, und auch hier wird die Zukunft die praktische Relevanz zeigen, die fachlichen Umweltexperten, die in den Fachbereichen gerade hier in Lüneburg vorhanden sind, in die interne Umweltorganisation einzubinden.

## Perspektiven für das Lüneburger Vorhaben

Das Umweltaudit ist in Lüneburg nur der Start für einen einzuleitenden kontinuierlichen Verbesserungsprozess im Bereich Umwelt. Dies ist in der Umweltprüfung und der Umwelterklärung deutlich beschrieben worden. Deshalb wird interessant sein, zu welchem Ergebnis man beim ersten Wiederholungsaudit kommen wird.
- Man wird dann feststellen, ob die eingerichteten Organisationsstrukturen gegriffen haben oder aber verändert werden müssen.
- Man wird feststellen, ob die avisierten Umweltziele mit den erhofften Umweltauswirkungen erreicht worden sind.

- Man wird feststellen, ob der eingeleitete Prozess selbsttätig ohne Berater funktionieren kann, denn im vergangenen Jahr hat HIS als Berater die Hochschule in vielen Fällen an die Hand genommen, insbesondere aber auch in zeitkritischen Prozessen die in der Hochschule bestehende „Diskussionsfreudigkeit" auf ein vernünftiges Maß zu reduzieren versucht.
- Man wird feststellen, ob das hochgesteckte Ziel, Forschung und Lehre stärker in ein solches Umweltmanagementsystem zu integrieren, auch tatsächlich gelungen ist und die Hochschullehrer sich in hohem Maße mit dem Umweltmanagementsystem an der Universität Lüneburg identifizieren.
- Schließlich müsste das eingeführte Umweltmanagementsystem integraler Bestandteil anderer Managementsysteme werden, die ja in der nächsten Zeit in den Hochschulen einziehen werden; als Stichworte seien genannt: Globalsteuerung, Kosten- und Leistungsrechnung, Qualitätsmanagement. Mit der Integration des Arbeits- und Gesundheitsschutzes in das Umweltmanagementsystem der Universität Lüneburg ist bereits eine positive Erweiterung eingeleitet worden.

## Autorinnen und Autoren

**Bastenhorst,** Kai-Olaf, M.A., Politikwissenschaftler, wissenschaftlicher Mitarbeiter am Lehrstuhl für Betriebswirtschaftslehre, insb. Umweltmanagement, Institut für Umweltstrategien an der Universität Lüneburg; Seminarleitung „Angewandtes Umweltmanagement"; wissenschaftliche Begleitung des Teilprojektes „Einführung eines Umweltmanagementsystems an der Universität Lüneburg" im Rahmen des Projektes „Agenda 21 und Universität Lüneburg".
e-mail: bastenhorst@uni-lueneburg.de

**Chantelau,** Frank, Kanzler der Universität Lüneburg seit Januar 2000 und zugleich Verantwortlicher für das Umweltmanagement an der Universität Lüneburg.
e-mail: chantelau@uni-lueneburg.de

**Gilch,** Harald, Dr., Diplom-Physiker und Lehrbeauftragter an der Hochschule Bremen, Ansprechpartner für Firmen und Institutionen im B.A.U.M.-Regionalbüro Bremen, Beratung in Fragen des Umweltmanagement, insbesondere Kosteneinsparungen und ökologische Beschaffung, seit 1999 bei der HIS Hochschul-Informations-System GmbH, Bearbeitung des Projektes „Einführung eines Umweltmanagementsystems an der Universität Lüneburg" und von Projekten zur Entwicklungsplanung für Hochschulen.
e-mail: Gilch@his.de

**Hoffmann,** Anke, Diplom-Kauffrau, seit 1997 Leiterin der Arbeitsgruppe Umweltmanagement an der Hochschule Zittau/Görlitz (FH), dort verantwortlich für die Einführung und Aufrechterhaltung des nach EMAS validierten Umweltmanagementsystems, seit September 2000 als Lehrkraft in den Bereichen Umweltmanagement, Umweltinformation und -kommunikation sowie Grundlagen Ökologie und Umweltschutz an der Hochschule Zittau/Görlitz tätig.
e-mail: A.Hoffmann@hs-zigr.de

**Michelsen,** Gerd, Dr. rer. pol., Dr. phil. habil., Diplom-Volkswirt; seit 1995 Universitätsprofessor mit Schwerpunkt Umweltbildung/Umweltkommunikation an der Universität Lüneburg; Mitwirkung an der

Gründung des Fachbereiches Umweltwissenschaften; B.A.U.M. Wissenschaftspreis (1998). Verschiedene ehrenamtliche Tätigkeiten, u. a. Beiratsvorsitzender der Niedersächsischen Umweltstiftung und Mitglied „Runder Tisch Agenda 21" in Niedersachsen.
e-mail: michelsen@uni-lueneburg.de

**Müller,** Joachim, Diplom-Geograph, seit zehn Jahren bei der HIS Hochschul-Informations-System GmbH, Schwerpunktthemen: Organisation des Umwelt- und Gesundheitsschutzes, Abfallentsorgung, Gefährdungsanalysen nach Arbeitsschutzgesetz; Fortbildungsveranstaltungen für Hochschulmitarbeiter zum Arbeits- und Umweltschutz sowie die Bereitstellung von Informationen über Printmedien und Internet. Projektleiter des Teilprojektes „Einführung eines Umweltmanagementsystems an der Universität Lüneburg" im Rahmen des Projektes „Agenda 21 und Universität Lüneburg".
e-mail: jmueller@his.de

**Noeke,** Josef, Dr., seit fast 20 Jahren in Theorie und Praxis mit Fragen von betrieblichen Umwelt-, Qualitäts- und Arbeitssicherheits-Managementsystemen befasst. Spezifische Erfahrungen aus mehreren privaten Unternehmen, z. B. in der Computerindustrie sowie aus öffentlichen Betrieben, z. B. Hochschulen. Zur Zeit als wissenschaftlicher Mitarbeiter tätig in der Fachgruppe Umweltverfahrenstechnik im Institut für Energie- und Verfahrenstechnik der Universität Paderborn.
e-mail: Josef.Noeke@vt.upb.de

**Prangen,** Angela, Dr. rer. nat., Diplom-Chemikerin und Chemielaborantin, seit 1975 im betrieblichen Umweltschutz tätig, seit 1992 als Umweltschutzbeauftragte des Fachbereichs Humanmedizin der Freien Universität Berlin, Universitätsklinikum Benjamin Franklin bestellt.
e-mail: Prangen@medizin.fu-berlin.de

**Reinhold,** Peter, Dr., Diplom-Ingenieur für Elektrotechnik, Oberassistent in der Fakultät Elektrotechnik und seit 1999 als Kanzler der Hochschule Zittau/Görlitz Mitglied des Rektoratskollegiums und Leiter der Verwaltung, verantwortlich u. a. für die Einhaltung rechtlicher Rahmenbedingungen an der Hochschule, z.B. durch Einführung des Umweltmanagementsystems.
e-mail: p.reinhold@his-zigr.de

**Sövegjarto-Wigbers,** Doris, Dr. rer. nat., Diplom-Chemikerin, wissenschaftliche Mitarbeiterin an der Universität Bremen im Institut für Umweltforschung und Umwelttechnologie UFT, Assistentin des Umweltbeauftragten der Universität Bremen, Arbeitsfelder: Umweltmanagement an der Universität Bremen, Agenda 21, Lehrlingsausbildung im UFT, Lehrbeauftragte an der Hochschule Bremen im internationalen Studiengang für angewandte Biologie und an der Universität Bremen
e-mail: soeve@uft.uni-bremen.de

**Stratmann,** Friedrich, Dr. disc. pol., Diplom-Volkswirt, stellv. Abteilungsleiter bei der HIS Hochschul-Informations-System GmbH, dort verantwortlich für die Arbeitsfelder „Arbeits- und Umweltschutz, Gebäudemanagement".
e-mail: stratman@his.de

**Viebahn,** Peter, Dr., Diplom-Mathematiker, Diplom-Systemwissenschaftler, ist seit 1995 als wissenschaftlicher Mitarbeiter am Institut für Umweltsystemforschung an der Universität Osnabrück tätig. Zunächst entwickelte er dort das „Osnabrücker Umweltmanagement-Modell für Hochschulen"; ab 1999 leitete er den Aufbau von eco-campus.net, dem „Netzwerk für eine umweltgerechte Entwicklung der Hochschulen". Seit Oktober 1999 ist er zudem Koordinator Umweltmanagement der Universität Osnabrück.
e-mail: Peter.Viebahn@usf.uni-osnabrueck.de

**Viere,** Tobias, Jahrgang 1977, studiert seit 1997 an der Universität Lüneburg Umweltwissenschaften mit den Schwerpunkten Umweltmanagement und Umweltrecht; war Mitglied der Arbeitsgruppe Informationsmanagement im Seminar „Angewandtes Umweltmanagement"; zurzeit Absolvierung eines halbjährigen Auslandsstudium des Studiengangs „Environmental Science" am Christ Church University College in Canterbury, Großbritannien.
e-mail: Tobias4re.web.de

## Gesellschaftswissenschaftliche Veröffentlichungen bei VAS

Leicht-Eckardt, Platzer, Schrader, Schreiner (Hrsg)
**Öko-Audit – Grundlagen und Erfahrungen**
Chancen des Umweltmanagements für die Praxis
ISBN 3-88864-099-7 · 1996 · 135 Seiten · 26 DM

Wissenschaftsladen Gießen e.V. (Hrsg.)
**Perspektiven kommunaler Umweltberatung**
Ein praxisorientiertes Forschungsprojekt
ISBN 3-88864-202-7 · 1996 · 120 Seiten · 26 DM

Norbert Krah (Hrsg.)
**Technik und Gesellschaft in Ambivalenz**
Ein Jahrzehnt wissenschaftlich-technische
Fachtagungen in Schmalkalden
RWZ – Materialien · Analysen · Fakten, Band 5
ISBN 3-88864-232-9 · 1997 · 267 Seiten · 30 DM

Haidi Streletz
**Bio- und Gentechnologie**
– Ein Kompendium für Interessierte
ISBN 3-88864-277-9 · 1999 · 100 Seiten · 20 DM

ZEW (Hrsg.)
**Ökologische Verantwortung der Hochschule –**
Umweltwochen zwischen Alibi und Aktion
Bearbeitung: Martin Beyersdorf
Dokumentationen z. wissensch. Weiterbildung, Band 26
ISBN 3-88864-050-4 · 1993 · 180 Seiten · 28 DM

B. Claussen, D. Fürst, K. Selle, H. Sinning
**Zukunftsaufgabe Moderation – Herausforderung in Raum- und Umweltplanung**
Dokumentationen z. wissensch. Weiterbildung, Band 28
ISBN 3-88864-208-6 · 1996 · 150 Seiten · 26 DM

Verlag für Akademische Schriften
Kurfürstenstraße 18 • 60486 Frankfurt
Telefon (069) 77 93 66 • Fax (069) 7 07 39 67
e-mail: info@vas-verlag.de • internet: www.vas-verlag.de

**VAS**

## Wissenschaft in gesellschaftlicher Verantwortung

Für ein vollständiges Verzeichnis der Titel dieser Reihe fordern Sie bitte den Sonderprospekt an.

**REIHE**
**WISSENSCHAFT IN GESELLSCHAFTLICHER VERANTWORTUNG**

Band 26:
Rolf Arnold: **NATUR ALS VORBILD**
– Selbstorganisation als Modell der Pädagogik,
ISBN 3-88864-126-8, 8 DM

Band 34:
Klaus Sojka: **UMWELTSCHUTZ UND UMWELTRECHT** –
zur Unterrichtung und für die Praxis
ISBN 3-88864-134-9 · 16 DM (Doppelheft)

Band 36:
Dietmar Bolscho: **UMWELTBEWUSSTSEIN ZWISCHEN ANSPRUCH UND WIRKLICHKEIT**
– Anmerkungen zu einem Dilemma
ISBN 3-88864-136-5, 8 DM

Band 39:
Ulrich Pfister, Guido Block-Künzler:
**MITARBEITERBETEILIGUNG IM BETRIEBLICHEN UMWELTSCHUTZ** – Erfahrungen – Vorschläge
ISBN 3-88864-140-3

Band 41:
Horst Siebert: **BILDUNGSARBEIT –
konstruktivistisch betrachtet**
ISBN 3-88864-141-1, 8 DM

Band 42:
Günter Altner, Gerd Michelsen (Hg.):
**ZUKÜNFTIGE ENERGIEPOLITIK**
– Konsens jetzt!
ISBN 3-88864-142-X, 16 DM

**Verlag für Akademische Schriften**
Kurfürstenstraße 18 • 60486 Frankfurt
Telefon (069) 77 93 66 • Fax (069) 7 07 39 67
e-mail: info@vas-verlag.de • internet: www.vas-verlag.de

**VAS**

## Reihe: Innovation in den Hochschulen – Nachhaltige Entwicklung

**Herausgeber: Prof. Dr. Andreas Fischer, Prof. Dr. Gerd Michelsen und Prof. Dr. Ute Stoltenberg, Universität Lüneburg**

Die Reihe „Innovation in den Hochschulen – Nachhaltige Entwicklung" will die Informationen und Erfahrungen im Rahmen eines universitären Agendaprozesses weitergeben. Konsequenzen einer nachhaltigen Entwicklung für den Innovationsprozess an Hochschulen sollen zur Diskussion gestellt werden. Ziel ist eine ausführliche Auseinandersetzung darüber in Wissenschaft und Öffentlichkeit. Ausgangspunkt für die verschiedenen Veröffentlichungen in der Reihe ist das Projekt „Agenda 21 und Universität Lüneburg".

**Band 1:**
Gerd Michelsen (Hrsg.)
**Sustainable Universität**
Auf dem Weg zu einem universitären Agendaprozeß
ISBN 3-88864-290-6 • 250 S. • 25 DM

In dem Band „Sustainable University" wird der Weg zu einem universitären Agendaprozess abgebildet. In verschiedenen Beiträgen werden die Einzelvorhaben des Forschungs- und Entwicklungsprojektes „Agenda 21 und Universität Lüneburg" vorgestellt und in einen wissenschaftlichen Begründungszusammenhang gestellt. Die Vorhaben illustrieren den sehr vielschichtigen Weg, der an der Universität Lüneburg gegangen wird, um das Leitbild einer nachhaltigen Entwicklung an einer Hochschule umzusetzen. Folgende Themen stehen im Mittelpunkt: Umweltmanagement an Hochschulen, rationelle Ressourcennutzung, Lebenswelt Hochschule, Lehre und Interdisziplinarität, Nachhaltigkeit und Kunst sowie der Bedeutung der Kommunikation im Rahmen eines universitären Agenda-Prozesses.
Eine Einordnung der eigenen Aktivitäten in den Kontext anderer Initiativen im Hochschulbereich auf nationaler Ebene runden den Band ab.

**Band 2:**
Ute Stoltenberg (Hrsg.)
**Lebenswelt Hochschule**
– Raum-Bildung, Konsum-Muster und Kommunikation für eine nachhaltige Entwicklung
ISBN 3-88864-310-4 • 181 Seiten • 25 DM

**Band 3:**
Andreas Fischer (Hrsg.)
**Vom schwierigen Vergnügen einer Kommunikation über die Idee der Nachhaltigkeit**
ISBN 3-88864-311-2 • 235 Seiten • 25 DM

**Band 4:**
Joachim Müller, Harald Gilch, Kai-Olaf Bastenhorst (Hrsg.)
**Umweltmanagement an Hochschulen**
Dokumentation eines Workshops von Januar 2001 an der Universität Lüneburg
ISBN 3-88864-315-5 • 187 Seiten • 25 DM

**Sonderband:**
Ute Stoltenberg/Eriuccio Nora (Ed.)
**Lokale Agenda 21/ Agenda 21 Locale**
– Akteure und Aktionen in Deutschland und Italien
– Attori ed Azioni in Germania ed in Italia
ISBN 3-88864-307-4 • 293 S. • 29,80 DM

**Weitere Informationen zur Reihe:**
Innerhalb der kommenden zwei Jahre werden ca. acht bis zehn Bände erscheinen zu den Themenschwerpunkten: Umweltmanagementsystem • Energie • Lebenswelt Hochschule • Lehre & Interdisziplinarität • Nachhaltigkeit & Kunst • Information & Kommunikation • Internet

**Abonnement:**
Die Reihe kann auch beim Verlag abonniert werden – versandkostenfrei.

Verlag für Akademische Schriften
Kurfürstenstraße 18 • 60486 Frankfurt
Telefon (069) 77 93 66 • Fax (069) 7 07 39 67
e-mail: info@vas-verlag.de • internet: www.vas-verlag.de

**VAS**

## Ökologie • Gesundheitspolitik

ARBEITSGEMEINSCHAFT
ÖKOLOGISCHER LANDBAU (Hrsg.)
**Leitfaden Ökologischer Landbau in Werkstätten für Behinderte**
ISBN 3-88864-302-3 • Juni 2000 • Format DIN A 4 • 215 Seiten mit 110 Abbildungen und 8 Vierfarbtafeln • DM 39,80

Der Leitfaden liefert praxisnahe Hinweise, Beispielbeschreibung und Checklisten, wie ein ökologisch bewirtschafteter Grüner Bereich im Rahmen einer Werkstatt für Behinderte optimiert oder neu eingerichtet werden kann, um zu einer Ausweitung der ökologisch bewirtschafteten Fläche im Rahmen von Werkstätten für Behinderte beizutragen.

**Zum Herausgeber:**
In dem 1988 gegründeten Dachverband sind Verbände des Ökologischen Landbaus organisiert, die unter Ökologischer Landwirtschaft mehr als nur den Verzicht auf Chemie verstehen: Demeter, Bioland, Biokreis, Naturland, ANOG, Eco Vin, Gäa, Ökosiegel, Biopark. Sie berücksichtigen den Zusammenhang zwischen landwirtschaftlicher Erzeugung, gesunder Ernährung und Erhalt der Kulturlandschaft. Sie setzen Ökologischen Landbau konsequent um, indem sämtliche Betriebsflächen und -zweige in die ökologische Bewirtschaftung eines Hofs einbezogen werden.

---

Alf Trojan, Heiner Legewie
**Nachhaltige Gesundheit und Entwicklung**
Leitbilder, Politik und Praxis der Gestaltung gesundheitsförderlicher Umwelt- und Lebensbedingungen
ISBN 3-88861 299 X • 2001 • 436 S. • 49,80 DM

Welche Visionen und Leitbilder können zu Beginn des 21. Jahrhunderts das Leben der Bürger und die Ziele der gesellschaftlichen Kräfte bestimmen? Anders gefragt: Wie wollen wir und unsere Kinder im neuen Jahrhundert leben? Welche Weichen wollen wir für die Lebensbedingungen unserer Kinder stellen?
Von der breiten Öffentlichkeit weitgehend unbeachtet, wurden in den letzten 20 Jahren von den Vereinten Nationen (UN) zwei eng miteinander zusammenhängende konkrete Utopien entwickelt und in ermutigenden Beispielen erprobt, die weder der Vorwurf ideologischer Einengung noch mangelnder Umsetzbarkeit trifft: das Leitbild der Weltgesundheitsorganisation (WHO) *„Nachhaltige Gesundheit für alle"* sowie das Leitbild der Konferenz von Rio *„Nachhaltige Entwicklung"* (sustainable development).
Durch die Projekte *„Gesunde Städte"* und *„Lokale Agenda 21"* werden diese Leitbilder und weitere Ansätze zur Stärkung gesundheitsförderlicher Lebensbedingungen seit mehr als einem Jahrzehnt in aller Welt erfolgreich erprobt, sodass inzwischen ein gesicherter Wissensfundus zur Umsetzung vorliegt. Das Buch liefert erstmals eine Gesamtdarstellung dieser Entwicklung und der Erfahrungen bei der Umsetzung der Leitbilder.

---

Verlag für Akademische Schriften
Kurfürstenstraße 18 • 60486 Frankfurt
Telefon (069) 77 93 66 • Fax (069) 7 07 39 67
e-mail: info@vas-verlag.de • internet: www.vas-verlag.de